출판사 옛길

겸손

낮아지지 못하는 당신을위하여

매트 롤린스

'

낮아지지 못하는 당신을 위하여

,

겸손

© Matt Rawlins, **Humility**, 2015

작가의 말

오래 전 나는 앤드류 머레이의 '겸손: 거룩함의 아름다움'이라는 책을 읽었다. 당시 하나님과 나에 대한 잘못된 생각으로 엄청난 압박감 속에서 깊은 고민에 빠져 있었는데, 그 책으로 인해 이 여정을 시작하게 되었고 자유를 향한 길을 찾게 되었다.

책을 읽는 동안 당신은 내가 모세의 삶을 상상하며 만들어낸 자유에 대해 보게 될 것이다. 나는 이것이 인생의 의미를 찾고자 갈등했던 한 인간으로서 모세의 삶을 이해하기 위한 시도였음을 밝힌다. 당신은 분명히 나와 다른 경험 속에서 자신만의 관점을 가지고 있을 것이다. 혹시 모세를 향한 당신의 생각과 다르더라도 내가 시작한 이 여정을 끝까지 함께 해주기를 부탁한다.

C. S. 루이스는 그의 책 '고통의 문제'에서 성경에 나오는 창조에 대해 설명을 하기 앞서 이렇게 말한다.

"인간이 타락하였을 때 정확히 어떤 일이 일어났었는지 우리는 알지 못한다. 하지만 당시의 상황에 대해 추측해 보는 것이 문제가 되지 않는다면, 나는 허무맹랑한 동화와는 다른 소크라테스식 '신화'를 들려주고자 한다."

루이스는 여기서 역사적 사실로 일어났을 수도 있을 것 같은 '신화'에 대해 말하고 있다.

나 역시 동일한 전제 아래에서 이야기들을 풀어내 보았다. 내가 묘사한 논의와 상호간의 반응들이 어쩌면 사실일 수도 있다. 그러나 그것은 하나님의 뜻 안에서 궁극적 진리를 담고 있거나 그분의 형상을 따라 지음 받은 유한한 우리 자신에 대해서 이야기할 때에만 용납될 수 있을 것이다. 모세의 이야기에 대해 창의적으로 접근하되 '겸손에 대한 이해'라는 필터를 통해 그의 삶을 들여다보았다. 모세는 겸손히 행한 자였으며, 그 결과로 하나님은 모세를 친구라고 부르며 친밀한 대화를 나누었다.

대부분의 사건과 정보들은 성경에 기초하였으나 때로는 성경 전체에 드러난 하나님에 대한 계시의 기반 위에 비약이나 추측, 극적 요소를 더하기도 하였다. 성경을 연구하다 보면 등장인물들의 내면에 어떤 일들이 일어나고 있는지 자세히 설명하고 있지 않음을 볼 수 있다. 흔히 성경의 이야기들은 심리학적 관점 또는 내적 갈등에 대한 설명 없이 사건들과 관련된 내용으로만 구성되어 있다. 그것은 하나님께서 일부러 우리들로 하여금 그들의 자리에서 그들을 이해하기 위해 생각해 보도록 한 것 같다. 우리는 인류라는 보편적 틀 안에서 하나님과 우리 자신에 대한 이해를 통해 성경에 등장하는 인물들을 이해할 수 있을 것이다.

그래서 나는 하나님의 성품과 인간의 본성이라는 두 렌즈를 통해 글을 쓰려고 했다.

첫 번째로 하나님의 본질과 성품을 이해하기 위해 많은 노력을 기울였고, 결국 하나님에 대한 절대적 확신을 갖게 되었다.

그분은 측량할 수 없을 만큼 크신 분이며 모두에게 선한 분이다. 말씀을 통해 우리에게 주어진 하나님에 대한 이야기는 그분의 속성에 대해 명확하게 보여준다. 나에게 절대적이고 명료한 지침이 되어준 그분의 성품과 다른 부분에 맞닥뜨리게 되면 나는 더 잘 이해하기 위해 즉시 모든 것을 멈추고 기다렸다. 그리고 하나님을 향한 나의 사랑으로 그분에 대해 정확하게 표현하기 위해 내가 할 수 있는 최선을 다해 집중했다.

두 번째는 인간에 대한 이해라는 관점을 활용했다.

하나님의 형상을 간직한 인류는 공통점을 공유하고 있다. 그동안 다른 사람들과 함께 작업하면서, 그리고 스스로에 대해 고민하면서 사람들이 공유하고 있는 요소들을 발견했다. 더 깊이 파면

팔수록 우리에게 공통된 문제가 무엇인지 찾을 수 있었다. 나는 이야기에 나타난 우리의 공통된 문제를 찾아보고자 노력했다.

이 책을 쓰는 동안 나 자신을 겸손히 내려놓고자 했으며 성경적인 관점에서 글을 쓰기 위해 노력했다. 행여 내용이 명확하지 않거나 놓친 부분이 있다면 미리 여러분께 용서를 구하며 나의 부족함을 이해하고 참아주기를 부탁드린다. 이 이야기는 겸손의 근원 되시는 경이로운 하나님에 대한 연약한 한 인간의 시선일 뿐이다.

– 매트 롤린스

*

나에게 다양한 생각들과 의견을 제시해 준 존 피버, 피오나 지포드, 파티나 호덴에게 감사의 마음을 전한다.
또한 새로운 편집자인 케이 벤 아브라함과 함께 작업하게 됨을 감사히 여긴다. 그녀는 지난 10년 동안 내가 글을 쓰며 고민했던 여러 생각들을 명료하게 정리할 수 있도록 도움을 주었다.

*

HUMILITY

제 1장 겸손에 대하여 · 13

제 2장 피조물로서의 겸손과 모세 · 25

제 3장 죄인으로서의 겸손 · 57

제 4장 모세와 그가 망쳐버린 것들 · 91

제 5장 모세와 성도로서의 겸손 · 121

제 6장 겸손에 대한 신화들 • 143

제 7장 예수 : 겸손한 하나님의 완전한 모습 • 157

에필로그 : 나는 낮아짐을 선택한다 • 175

작가에 대하여 • 185

제 1장
겸손에 대하여

제 1장
겸손에 대하여

하나님께 전적으로 제사를 드리는 자는
그가 드린 전적인 제사만큼 상을 얻을 것이요;
하나님께 번제를 드리는 자는
그가 드린 번제만큼 상을 얻을 것이다;
그러나 하나님과 사람 앞에 겸손으로 드린 자는
이 세상에서 희생한 모든 만큼 상을 얻게 될 것이다.
– 탈무드

글을 쓰기 시작하면서 '과연 나는 이 책을 쓸 수 있을까?' '내가 제대로 알고는 있는 걸까?' '글로 쓰려면 큰 용기가 필요할거야.' 하는 생각에 사로잡혔다.

나는 겸손히 행하고 있다.

이 문장을 쓰는 순간 나는 깊은 한숨과 함께 쥐구멍에라도 숨고 싶었다. **그렇게 말 하지마. 그건 교만이라구!** 어쩌면 사실일 수도 있겠지만 글까지 쓸 필요는 없잖아.

간단히 말하면, 나는 하나님의 은혜를 구했다. 나는 그분의 은혜가 간절히 필요했고 그 은혜를 얻기 위해서는 어떤 위험이라도 감수할 준비가 되어 있었다. 하지만 말처럼 그리 간단한 것이 아니었다. 그렇게 되기까지 오랜 시간이 걸렸다. 이 책은 나를 지으신 하나님과 화평을 이루고 겸손에 대하여 이해하기 위해 시작한 나의 여정에 대한 것이다.

나는 직감적인 반응에서 한걸음 물러서서 마음이 반응하도록 했다. 그리고 겸손의 모델을 제시하는 것에 대해 내가 아무 것도 하지 못했음을 깨달았다. 사도 바울은 아시아에 있는 동안 "여러분은 내가 아시아에 발을 들여놓은 첫날부터, 여러분과 함께 그 모든 시간을 어떻게 지내왔는지를 잘 아십니다. 나는 겸손과 많은 눈물로 주님을 섬겼습니다. 그러는 가운데 나는 또 유대 사람의 음모로 내게 덮친 온갖 시련을 겪었습니다."[1]라고 했다. 바울이 교만한 것인가? 아니면 여기서 우리가 찾아볼 것이 더 있는가?

우연히 미국 대통령이었던 빌 클린턴의 논평을 실은 기사를 읽은 적이 있다. 그는 3년간 그에게 향했던 호의적이지 않은 시선에서 벗어나기 위한 시도를 하면서 보수적 기독교인들을 향해 그들이 동의하지 않는 사람들의 '동기와 기질'에 대해 비난하지 말 것을 강력히 권고했다. 만약 그들이

---

1) 사도행전 20:18-19

"내 영혼을 들여다 볼 수 있다면, 하나님에 대하여 그들만큼이나 신실하고 진정성을 가진 다른 사람들이 있다는 것을 알 수 있을 것이다."라고 하면서 어쩌면 "그들보다 훨씬 더 겸손한 신앙을 소유하고 있을 수도 있다."[2] 고 했다.

나의 겸손함에 대해 고백하면서 내가 그런 실수를 범하지는 않았을까? 과연 내가 나의 진술이나 빌 클린턴, 바울에 대해서 평가를 할 수 있을까? 나는 오랫동안 겸손에 대하여 이해하기 위해 고민해 왔다. 과거에는 내 스스로 겸손하다고 말하면 그 즉시 나는 죄 가운데 행하고 있으며 회개해야 한다고 생각했다. 그리고 계속해서 고집스러운 주장이 내 안에서 일어났다: **네가 여전히 겸손하다고 생각하면서 그럴 수는 없지. 진정한 겸손함은 겸손이 존재한다는 것조차 모르고 있어야 하는 거야. 네 스스로 겸손하다고 한다면 너는 겸손하지 않은 거야. 만약 네가 어떤 분야에 재능이 있다고 말한다면 그건 바로 교만이지.** 또 다른 소리가 들려왔다; **너는 많은 실수를 했잖아. 네가 정말로 겸손한 사람이라면 절대로 실수 따위는 하지 않았을 거야.** 그러자 겁에 질린 소리가 다시 일어났다; **그렇지. 이제 하나님은 나에게 온갖 고통스러운 일들을 시작할 거야. 겸손함을 주장하는 것은 그분이 나에게 상처를 주어도 괜찮다고 인정하는 것이거든.**

---

2) U. S. News & World Report, 1995년 3월 6일

큰 혼란과 두려움이 겸손함에 대한 모든 것들을 외면하도록 했다. 그것은 마치 눈을 가린 궁수가 목표물을 향해 활시위를 당기면서 사방으로 흩어지는 화살이 명중하기를 기대하는 것과 같다.

문제는 바로 이것이다. 우리들은 겸손히 행하라고 배워왔다.
"너희는 주를 찾아라. 주의 명령을 따르면서 살아가는 이 땅의 모든 겸손한 사람들아, 올바로 살도록 힘쓰고, 겸손하게 살도록 애써라. 주께서 진노하시는 날에, 행여 화를 피할 수 있을지도 모른다."[3]
우리는 어떤 것을 드러나지 않도록 감추면서 동시에 그것에 대해 말하거나 간절히 찾을 수는 없다. 눈을 가린 궁수가 정확히 목표물을 맞힐 수 있는 확률은 극히 적다. 그것은 우리의 삶에서도 마찬가지이다. 우리는 어느 날 갑자기 겸손해지기를 바란다. 그렇지만 그런 일은 절대로 일어나지 않는다. 겸손은 선택이다. 만약 겸손이 우리의 선택에 달려 있다면, 우리는 자신이 선택하는 것에 대하여 정확히 알고 있어야 한다.

우리는 내면의 갈등과 고민을 드러내고 하나님의 은총을 '잃을 수도' 있다는 두려움에 맞서든지, 아니면 계속 눈을 가리고 화살을 낭비하면서 목표에 적중하기를 기대하거나 얼

---

[3] 스바냐 2:3

떨결에 그분의 은혜를 경험하기를 고대할 수도 있을 것이다.

나는 기꺼이 위험을 감수하는 것을 선택하겠다. 우리를 사랑하시는 하나님이 나에게 겸손에 대해 제대로 알고 낮아지기를 원한다면 그것은 틀림없이 나에게 유익하기 때문일 것이다. 다시 말하면 하나님은 공의롭고 은혜로운 분이기에 겸손히 그분과 동행하도록 나를 부른다면 그 겸손은 명확하고 분명히 이룰 수 있는 것이어야 한다. 이것이 바로 내가 겸손에 대해 알고자 하는 것이다.

겸손을 구하는 나의 기도를 주께서 듣고 계심을 알고 있습니다. 이전부터 간구해왔던 것처럼 지금도 주님께 기도드립니다. 내 기도에 응답하셨지만 저는 더 많이 알고 싶습니다.

내 육신의 연약함과 두려움에도 불구하고 결국 나는 겸손에 대한 이 책을 쓰게 됐다.

당신도 나의 기도에 함께 동참하겠는가?

겸손함에 이르는 여정은 평생이 걸릴 수도 있다. 사도 바울은 고린도 교회에 보내는 첫 번째 편지에서 "나는 사도들 가운데서 가장 작은 사도입니다."[4]라고 하였고, 나중에 에베

---

4) 고린도전서 15:9

소 교회에 보낸 편지에서는 "모든 성도 가운데서 가장 작은 자보다 더 작은 나"[5]라고 썼다. 그리고 그의 인생의 말년에 디모데에게 쓴 편지에서 자신을 죄인의 괴수[6]라고까지 하였다. 우리는 모두 우리가 누구인지 그리고 우리 안에 계신 하나님은 어떤 분인지 알아가는 여행 중에 있다. 확신하건대 당신의 이해함이 깊어질수록 당신의 선택은 훨씬 쉬워질 것이다. 당신은 하나님과 동행하는 동안 당신을 자유롭게 할 수 있는 급진적인 요소들을 어쩌면 지나쳐 버릴 수도 있다.

겸손함에 대해 생각하면서 처음에는 더러운 물에서 수영을 하다가 나중에는 깨끗한 물에서 수영하는 그림을 떠올려 보았다. 더러운 물에서는 주변을 볼 수도 없고 쉽게 방향을 잃을 것이다. 하지만 깨끗한 물에서는 모든 것이 선명하고 주변을 잘 볼 수 있다. 이와 같이 우리가 겸손해질수록 우리를 둘러싼 인생과 그 실체에 대해 더 명확히 알 수 있다.

그렇기에 우리에게는 하나님이 필요하다. 겸손에 대해 살펴보다 보면 우리는 하나님과 마주하게 된다. 그리고 결국에는 겸손이란 우리 자신에 대한 것이 아니라 하나님에 대한 것임을 알게 된다. 그것은 바로 우리 안에 있는 그분의 생명에 대한 것이며, 우리 안에 스며들어 우리로 하여금 세상에 대해 바로 이해하고 살아가도록 돕는 그분에 대한 것이다.

---

5) 에베소서 3:8
6) 디모데전서 1:15

전 우주에서 가장 겸손한 분

검손은 성경에서 가장 오해하기 쉬운 성품 중 하나이다.

하나님이 우리에게 "겸손히 행하라"거나 "겸손을 구하라"고 할 때, 우리들 대부분은 우리가 범죄했기 때문에 회개해야 한다는 의미로 해석하곤 한다. 동일선상에서 볼 때, 만약 우리 자신에게서 어떠한 죄도 찾을 수 없다면 우리는 겸손히 행하고 있다고 생각할 수도 있다. 물론 겸손함이 회개를 포함한 교만에 대해서 다루고 있긴 하지만 그 의미는 훨씬 더 깊다고 할 수 있다. 그것을 찾기 위해서는 전 우주에서 가장 겸손한 존재인 하나님을 먼저 알아야 한다.

과거에도 그리고 앞으로 영원한 미래에도 하나님보다 더 겸손한 존재는 아무도 없을 것이다. 그분은 우리 위에 군림하지도 않고, 우리를 얕잡아보지도 않으며 권력에 굶주린 비열한 분은 더더욱 아니다. 그분은 우리를 섬기며 당신의 낮아짐에 함께 동참하도록 우리를 부른다. 궁극적으로 겸손은 우리를 위한 것이 아니라 그분을 향해 **우리가** 어떻게 살 것인가에 대한 것이다.

이에 대해 두 가지 관점에서 살펴볼 수 있다.

첫 번째로 하나님은 광대한 우주의 후미진 태양계 안에서 작은 점과 같은 한 행성을 알리기 위해 스스로를 겸손히 낮추었다. 시편 기자는 "주님은 모든 나라보다 높으시며, 그

영광은 하늘보다 높으시다. 주 우리 하나님과 같은 이가 어디에 있으랴? 높은 곳에 계시지만 스스로 낮추셔서, 하늘과 땅을 두루 살피시고"[7]라고 했다.

두 번째로 하나님은 이 땅에 오심으로 당신의 겸손함을 보여주었다. 그분은 한 인간으로 내려와 우리들 가운데 함께 있었으며, 자신을 비워 아무런 명성도 없는 보잘 것 없는 인간이 되어 구유에서 태어나 작은 마을에서 자라면서 목수가 되었다. 또한 제자들의 발을 씻기고 고통받는 자들과 함께 울었으며, 참담한 죽음을 맞기까지 사회로부터 온갖 멸시를 당했다.

그분은 온 우주에서 가장 겸손한 분이며, 우리를 당신과 같이 겸손해지도록 부른다. 오직 이 기반 위에서 우리는 겸손을 구하고 낮아짐을 사모하며 나아갈 수 있다.

빛이 프리즘을 통과할 때 빛은 여러 색상의 스펙트럼으로 나눠진다. 무지개는 빛이 공기 중의 물입자로 구성된 프리즘을 통과하면서 나타난다. 빛이 그러하듯 겸손함도 다양하게 분리되어 나타나는데, 겸손에 대한 세 가지 중요한 표현들은 성경적 의미들을 구성하고 있다. 이 책에서 우리는 이 세 가지 요소에 대해 하나씩 살펴볼 것이며, 각각의 요소들을 하나의 의미로 맞춰나갈 것이다. 우리가 각 측면에 대해

---

7) 시편 113:4-6

정확히 알게 되면서 얻게 되는 겸손에 대한 종합적인 이해가 은혜의 문을 여는 열쇠가 될 것이다.

첫 번째, 우리는 창조된 유한한 존재이다.
우리는 모든 것에 대해 알 수 없으며, 태어날 때부터 연약하고 제한적이다. 우리는 실수를 하기도 하고 갈등하며 배우고 성장하기 위해 열심히 노력해야 한다. 우리는 흙에서 나와 흙으로 돌아갈 수밖에 없는 존재임을 겸손히 인정하든지 아니면 결국에는 밝혀질 것들을 통제해보려고 헛된 노력을 기울여야 할 것이다.

두 번째, 우리는 현실의 고통으로부터 숨기 위해 어두움을 사모하는 죄인들이다. 우리의 죄 된 습성을 마주하며 하나님과 사람들 앞에서 겸손히 낮아질 수도 있고, 우리의 연약함 대신 교만함을 선택하거나 우리 자신의 형상을 높이 세우고 보호하기 위해 힘을 다하거나 시기함으로 타인을 무너뜨리려 할 것이다.

세 번째, 우리는 하나님께 드릴 은사를 가지고 있으며 각자의 고유한 목소리로 그분의 영광을 높이는 성도들이다. 우리는 하나님의 몸으로 그분의 아름다움을 드러내도록 부름 받았다. 우리는 겸손함으로 은사들을 하나님께 기꺼이 돌려드리기 위해 노력하거나 아니면 우리의 은사들을 무시하고 억누르거나 소홀히 할 수도 있다.

···

 작은 캔버스에 그림을 그리기 위해 집중하고 있는 화가를 상상해 보라. 그는 주변에 어떠한 관심도 주지 않고 그림을 그리기 시작했으며 오직 그가 원하는 작품을 완성하기 위해 집중했다. 마침내 화가는 작품을 마치고 뒤로 물러섰다. 뒤로 물러설수록 누군가 오랫동안 그려왔던 초대형 그림이 눈에 들어왔다. 알 수 없는 작가가 남긴 걸작의 아름다움에 경이감을 느낄수록 그의 발걸음은 느려졌다.

 돌연 가슴이 철렁하면서 큰 그림과 조화를 깨버리는 동떨어지고 따분한 자신의 그림을 보았다. 그는 종합적인 계획에 대한 아무런 고려도 없이 누군가의 작품 위에 그림을 그려왔던 것이다. 그가 전체적인 그림에 대해 알게 되었을 때 그는 무엇을 할 수 있으며 어떤 선택을 하게 될까?

 피조물로서의 겸손이란 스스로에게 다음과 같은 질문을 던진다는 의미이다. 우리의 유한하고 제한적인 관점으로는 큰 그림에 대해 알지 못한다. 우리의 협소한 삶에서 뒤로 물러서면서 큰 그림에 대해 깨닫게 될 때 우리는 어떻게 해야 할까?

 분노하며 걸작에 대해 묵살해 버리려고 할 것인가?
 수치스러워하며 자신의 작품을 부정할 것인가?

아니면 두려움 가운데 아무 일도 없었다는 듯 돌아서서 숨으려 할 것인가?

선택은 우리에게 달려있고, 우리는 그것이 어떤 것인지 정확히 알아야 한다. 우리 삶의 많은 영역에서 결정해야 할 특별한 선택이 우리의 손에 달려있지만 우리가 감당해야 할 일들이 다른 사람들의 선택에 의해 결정될 수도 있다.

오늘날에도 그러하듯 3500년 전에도 동일한 일이 일어났다.

제 2장
피조물로서의 겸손과 모세

제 2장
피조물로서의 겸손과 모세

"모세로 말하자면, 땅 위에 사는 모든 사람 가운데서 가장 겸손한 사람이다."

민수기 12:3

바구니를 물끄러미 바라보고 있는 미리암의 귓전에 엄마의 목소리가 맴돌았다.

"바구니를 강에 띄워 보내거라. 그리고 어디로 흘러가는지 끝까지 잘 지켜봐야 한다."

미리암은 아직도 자신의 귀를 의심했다.

"엄마, 지난 석 달 동안 무사히 숨겨왔잖아요. 아무도 이 아이에 대해 모르고 있어요. 강에 던져 버리면 죽고 말텐데 우리가 계속 데리고 있으면 안돼요? 엄마는 이 아이를 사랑하지 않으세요?"

미리암의 엄마는 바구니에 누워 잠들어 있는 작은 아이를 내려다보았다. 마침내 그녀가 입을 열었다.

"그래, 너무나 견디기 힘든 일이지. 하나님과 씨름해봤지만 더 이상 우리가 할 수 있는 일이 없는 것 같구나. 우리가 계속 데리고 있으면 언젠가는 아이가 있다는 것이 발각될 거야. 그러면 우리 모두를 죽일테지. 바로의 명령으로 모든 갓 태어난 남자아이들을 살해한 것은 너도 잘 알고 있잖니? 나는 이 아이가 죽을까봐 너무 두려워. 어쩌면 더 나쁜 일이 생길 수도 있을 것 같아. 지난 400년 동안 우리를 억압해 온 이집트인들에게 발견되면 어떻게 하지? 만약 우리 아들이 그들처럼 자라게 된다면? 그건 죽음보다 더 고통스러울 것 같아. 하지만 이젠 아이를 위해 선택해야만 돼. 살든지 죽든지 하나님의 손에 맡길 수밖에."

미리암은 아이가 든 바구니를 들고 천천히 강가로 걸어갔다. 엄마의 선택이 큰 두려움으로 다가왔다. 왜 그녀는 살고 동생은 죽어야 하는지 바로의 포고령을 받아들이기 힘들었다. 단지 동생은 사내아이라는 이유만으로 죽어야 하는가?

미리암은 바구니를 얕은 물가에 내려놓고 갈대 사이를 지나 물결을 따라 떠내려가는 동생을 바라보았다. 잠시 후 그녀는 놀람과 공포에 싸여 바로의 딸이 강가로 나오는 것을 보았다. 바로의 딸은 바구니에 담긴 아이를 보았고, 종을 보내 건져낸 후 울고 있는 아기를 자신의 아들로 삼기로 선택했다.

모세는 바로의 가족으로 자라게 될 것이었다. 미리암의

심정은 두려움으로 가득했고 말도 안 되는 생각들이 끊임없이 떠올랐다. 그녀는 바로의 딸 앞으로 달려가 아이를 돌볼 여인을 데려와도 괜찮은지 요청했다. 바로의 딸이 허락하자 미리암은 곧장 집으로 달려갔다. 그녀의 심경은 너무 복잡했다. **내 동생은 이집트인으로 자라게 될 거야, 하지만 최소한 엄마가 누군지는 알게 되겠지.** 그녀는 울음을 참으며 집으로 달려가 엄마에게 무슨 일이 일어났는지 이야기 했다.

・・・

타인의 선택이 모세의 삶에 영향을 미치게 되었다.

우리는 모두 제한되고, 유혹과 갈등이 있는 세상에 태어났다. 그것은 모세나 우리에게도 마찬가지이다. 우리는 단지 우리의 선택에 의한 최종 결과물이 아니다. 과거에 행해졌던 다른 사람들의 선택이 오늘의 우리에게 깊이 영향을 주기도 한다. 우리가 스스로 모든 것을 이루어 냈다는 착각을 불러일으키는 이 시대와 문화 안에서 우리의 주의를 환기시킬 필요가 있다.

유한하고 제한적인 피조물로서 우리들은 이미 부분적으로 참가하고 있던 경주에 뛰어들게 된다.

- 우리는 이 세상에 태어나기로 선택하지 않았다. 다른 사람들이 그런 결정을 하였고 그들의 동기가 어찌되었건 그

결과는 여전히 동일하다. 우리는 우리의 출생에 대해 아무런 말도 하지 않았다.
- 우리가 태어났을 때 우리에게 주어진 이름도 선택하지 않았다.
- 우리는 죄가 이 세상에 들어오도록 선택하지 않았다. 우리가 이 세상에 왔을 때 죄는 이미 이곳에 있었다. 우리는 다른 사람들의 선택에 의해 어두워진 세상으로 들어온 것뿐이다.
- 우리는 우리가 사용하는 언어를 선택하지 않았을 뿐만 아니라 그것이 우리의 사고방식에 미치는 영향에 대해서도 마찬가지이다.
- 우리는 지금의 아버지, 어머니, 형제나 자매를 선택하지 않았고 형제나 자매 없이 혼자인 것을 선택하지 않았다.
- 우리는 부모님의 직업이나 경제적 지위에 대해 선택하지 않았다.
- 우리는 우리가 살고 있는 곳의 기후나 지리적 위치를 선택하지 않았다.
- 우리는 우리의 신체적 능력이나 외모를 선택하지 않았다.
- 우리는 우리의 성격을 선택하지 않았다.
- 우리는 우리가 다녔던 학교나 누구와 함께 다닐 것인가에 대해 선택하지 않았다.
- 우리는 우리를 통치하는 정부나 그들이 내린 결정에 대해 선택하지 않았다.
- 우리는 우리가 사용하고 있는 기술이나 의술에 대해 선

택하지 않았다.

하지만 우리는 이런 영향들 아래서 우리 역시 무엇을 할 것인가를 선택한다. 앞선 사람들에 의해 결정된 모든 선택들은 강력하게 우리들을 끌어들여 영향력의 저장소가 되게 한다. 모세는 모든 히브리 남자 아이들을 죽이라는 바로의 선택에 위협받는 삶으로 태어났다. 그의 어머니는 아들을 강에 던지는 선택을 했고, 바로의 딸은 그를 바로의 뜰에 두기로 선택했다. 그들의 선택에 의해 모세는 이집트에서 가장 영향력 있는 사람으로 자라났다.

선임자가 우리에게 와서 "이제 네 삶에서 무엇을 할지 자네가 선택하게."라고 말하는 것처럼 누군가 우리에게 바통을 넘겨주는 시기가 있다.

그렇지만 우리보다 앞서 주어진 그 이야기들은 여전히 베일에 싸여 있다. 모세는 아직도 모든 것이 타인들의 선택에 달려있는 유아였으며, 겸손에 대해 배워야 할 기나긴 여정이 그를 기다리고 있었다. 그런데 모세는 어떻게 이 세상에서 가장 겸손한 사람이 되었을까? 모세가 얼마나 겸손한 사람이었기에 하나님은 꿈이나 비밀스런 메시지를 주는 대신 그와 함께 얼굴을 맞대고 대화를 했을까?

· · ·

  우리는 일반적으로 겸손하다는 것은 저자세를 취하는 것이라고 생각한다. 그래서 가장 겸손한 사람은 가난에 시달리는 집안에서 태어났을 것이라고 생각한다. 가난으로 인한 고통과 괴로움에 대한 첫 번째 기억들은 겸손하게 성장할 수 있도록 기름진 토양이 되었을 것이다.

  하지만 모세의 상황은 전혀 달랐다. 그에게는 언제든지 손과 발이 되어 그를 섬기는 사람들이 있었고 상상할 수 있는 모든 풍성한 음식과 같은 편안한 기억들이 남아있을 것이다. 그가 자라면서 바로와 이집트 어머니, 형제들을 제외하고 모세의 뜻은 언제나 최고로 받들어졌다. 주변에 있는 모든 사람들은 그의 기분을 맞추기 위해 무엇이든 따랐으며, 마치 모세의 행복만을 위해 존재하는 사람들처럼 대기하고 있었다.

  모세를 돌보던 사람들은 아주 어렸을 때부터 그 자신이 누구보다 우월하다는 생각을 갖도록 했다. 그는 가고 싶은 곳이라면 어디든지 갈 수 있었고 누구도 그의 호기심을 멈출 수 없었다. 그가 품은 모든 궁금증은 그 땅에 있는 많은 지혜자들이 해소해 주었다.

  그가 던지는 농담에 모든 사람들이 웃어주었다. 친구들

은 감히 그를 놀리거나 왕따 같은 생각은 할 수도 없었다. 모세가 상처를 받았다면, 상처를 준 사람은 그 앞에 엎드려 즉시 용서를 구해야했다. 모세가 원한다면 다시는 그들이 모세 앞에 나타나지 못하도록 할 수 있었다.

모세 주변에 있던 대부분의 사람들은 그가 실수도 하지 않고 특별하며 모든 사람들보다 뛰어난 신적인 존재라는 확신을 갖도록 했다. 그는 어느 누구보다 고상한 취향과 막강한 권력, 풍부한 지혜 그리고 뛰어난 능력을 가지고 있다고 믿으며 성장했다. 누구든지 그가 이 세상에 함께 발을 딛고 서 있는 나머지 사람들과 같은 부류의 유한한 존재라는 것에 대해 알아차리도록 한다면 목숨으로 그 대가를 치러야 했다.

세상은 그의 지배를 기다리고 있었다.

우리가 갖고 있는 겸손에 대한 개념으로 보면 모세는 전혀 가망이 없으며, 심지어 하나님조차 그가 가진 제한 없는 특권과 굳어진 땅에서는 겸손을 끌어내기가 불가능하다고 생각할 수도 있다. 하지만 하나님의 방법은 우리와 다르다. 하나님은 우주에서 가장 겸손한 분이며 온전히 겸손한 분이다. 그분은 어떠한 환경에 놓여 있더라도 겸손에 대해 가르칠 수 있다.

겸손함에 이르기 위해 모세가 우리보다 나은 조건에서 출발하지 못했다는 것은 분명하다. 모세의 어린 시절은 그가 가장 겸손한 사람이 되기에는 너무 쉽지 않은, 불리한 조건이었다. 그의 삶에 펼쳐진 이야기들은 안락하고 특권이 가득했던 그의 삶에서 돌아서기가 얼마나 힘든 일이었을지 짐작하게 해준다. 때가 이르렀을 때, 그를 향한 알람 소리는 아주 강력하고 요란했다.

피조물로서의 겸손

하나님께서는 교만한 자들을 물리치시고, 겸손한 자들에게 은혜를 주신다.[8]

겸손함(humble)과 인간(human)이라는 단어는 땅(humas)이라는 같은 어원에서 나왔다. 우리는 티끌과 같은 존재이다. 우리를 지으신 이는 하나님이지 우리가 아니다. 당신의 몸의 근원을 보기 원한다면, 며칠 동안 씻지 않은 피부에 당신의 손가락을 문질러보라. 그러면 당신 몸의 조각들을 찾게 될 것이다.

겸손함에 대해 첫 번째 인식할 것은 우리가 피조물이라는

---

8) 야고보서 4:6

사실이다. 우리는 유한하고 제한되어 있으며, 연약하고 취약하다. 간단히 말하자면 다음과 같다.

우리는 실패할 것이다.
우리는 실수할 것이다.
우리는 알지 못한다.
우리는 무엇을 해야 할지 모른다.
우리는 어떤 일들을 하기에 불가능하다.
우리는 배운 것들을 잊어버릴 것이다.

이런 실수들은 죄악된 것이 아니다. 이것들은 우리의 한계를 드러내는 것이지 죄의 성향을 나타내는 것이 아니다. AP통신에서 찾은 이야기는 이러한 사실에 대해 잘 묘사하고 있다.

린다 버넷(23세)은 그녀의 시댁을 방문했다. 시댁 식구들이 근처의 슈퍼마켓에서 장을 보는 동안 몇몇 사람들은 그녀가 양손을 머리 뒤로 한 채 눈을 감고 창문이 닫힌 차 안에 앉아 있는 것을 보았다.

한 시간쯤 후에, 마트에 있던 남자 손님 중 한 사람이 무슨 일이 생겼다는 것을 알아차리고 그녀가 앉아있는 차로 향했다. 그녀가 눈을 뜨긴 했지만 뭔가 이상해보였다. 그는 린다에게 괜찮은지 물었고 그녀는 머리 뒤쪽에 총상을 입었으며 한 시간이 넘도록 뇌를 붙들고 있었노라고 대답했다. 남자는 급히 응급구조원을 불렀는

데, 린다가 머리에서 손을 떼기를 거부했기 때문에 부득이 잠겨있는 차문을 열기 위해 창문을 깨뜨릴 수밖에 없었다.

그들이 차에 들어갔을 때 린다가 머리 뒤에 밀가루 반죽 한 덩어리를 움켜쥐고 있는 것을 발견했다. 필스버리 비스킷 금속 용기가 차 안의 열기로 인해 터져버렸고 그 소리는 마치 총소리처럼 크고 강력했다. 그리고 반죽 한 덩어리가 그녀의 뒤통수를 때렸다. 린다는 무엇인지 확인하기 위해 손을 가져갔고 손에 잡힌 반죽이 자신의 뇌라고 생각했던 것이다. 처음에 그녀는 정신을 잃었지만 이내 정신을 차리고 나서 누군가 알아차리고 도움을 줄 때까지 한 시간이 넘도록 '뇌 조각'을 붙들고 있었던 것이다.

여러분은 여기서 밀가루 반죽이 순식간에 그녀의 뇌로 변해버린, 웃지 못 할 일을 볼 수 있다. 이런 어처구니없는 상황이 큰 논쟁을 불러일으켰는데 그것은 잘못된 것이다. 그녀는 어떤 추정을 했을 뿐이고 사람들은 그것을 지나치게 확대해석한 것이다. 이것은 죄가 아니다. 이것은 타락한 세상에서의 인간이 어떤 의미인지 보여준다. 우리는 인생에 대해 어떤 추측들을 만들어내고 그 중에 어떤 것들은 잘못되기도 한다.

80년대 초반, 우리 부부는 싱가포르에 살고 있었다. 우리는 그 도시와 사람들을 사랑했다. 우리는 미국으로 돌아가기 위해 1988년에 싱가포르를 떠났고 친구들을 만나거나 강의를 위해 가끔 싱가포르를 방문했다. 한 번은 밤늦게 공항에 도착하게 되었는데 친한 친구가 마중을 나왔다. 나는 현지음식이 너무나 먹고 싶어 길거리 음식점에 멈춰 섰고 기분 좋게 로띠 프라타와 매운 인도 커리를 정신없이 먹어치웠다.

다음날 항해를 위해 친구들과 함께 배가 있는 곳으로 걸어갔다. 항구에 도착해서 배에 올라 선창(船倉)을 둘러보니 화장실이 엉망이었다. 선주는 화장실이 고장 나서 수리를 하는 중이라고 했고 나는 별다른 생각이 없었다.

일행 다섯은 항구를 떠나 싱가포르와 말레이시아 사이에 펼쳐진 바다로 천천히 나아갔다. 바람이 많이 불지 않지만 우리들은 바다에 나온 것만으로도 즐거웠다.

갑자기 내 뱃속에서 전쟁이 일어났다. 지난밤에 커리와 음식을 너무 많이 먹은 탓이었다. 계속해서 폭발이 일어나는 듯했고 참는 것 자체가 고문이었다. 나는 조금씩 의사인 친구의 주의를 끌게 되었고 내 안에서 벌어지고 있는 재앙에 대해 조용히 말했다. 그는 즉시 상륙을 요청했다. 배가 방향을 돌려 돌아가는 동안 내 얼굴은 일그러지고 뱃속에서 벌어지고 있는 일 외에는 아무 생각도 할 수 없었다.

나는 결국 두 여자를 배 앞쪽으로 보내고 양동이를 집어 들고 선창으로 내려가 급한 일을 해결했다. 나는 허공에 머리를 치켜들고 내뱉었다.

"이런 지독한 똥통 같으니."

잠시 뒤 나는 다시 계단 아래로 내려가야 했고 여자들에게는 멀리 떨어져 있으라고 말했다. 모든 일이 해결된 후 핵폐기물을 배 옆으로 씻어내 버렸다.

결코 유쾌한 경험은 아니었지만, 솔직히 말하자면 나를 겸손하게 하는 경험이었다.[9]

우리의 육신은 매우 나약하고 취약하다. 그리고 만성질병이나 심신을 쇠약하게 하는 질병에 걸린 사람들이 증명하듯 우리가 통제할 수 없는 문제들을 일으키기도 한다. 그런데 이러한 문제들이 언제나 죄와 관련되어 있지는 않다. 우리는 단지 타락한 세상에서, 많은 제약을 안고 있는 흙으로 된 몸을 지니고 있는 것이다. 우리 몸이 어떻게 반응하는지에 대해 배우고 자라면서 어느 정도는 우리의 연약함에 대해 깨달을 수 있겠지만, 우리가 질병에 예민하게 반응하지 않거나 도움이 필요 없는 육신을 가질 수는 없다.

하나님은 성경에서 우리의 연약함과 제한됨에 대해 묘사했다. 우리의 인생은 그림자나 바람과 같이, 또는 활짝 핀 꽃처럼 순식간에 흘러간다.

"주께서 우리를 어떻게 지으셨음을 알고 계시기 때문이며, 우리가 진토임을 알고 계시기 때문이다. 인생에게는 그 날이 풀과 같고, 피고 지는 들꽃 같아, 바람 한 번 지나가면

---

9) 이제 고백해야 할 것이 있다. 지난달 싱가포르를 방문하면서 공항에 도착하자마자 로띠 프라타 식당에 들렀다. 다음날 교회에서 설교하기로 했는데 또 다시 뱃속에 재앙이 시작되었다. 화장실에 다녀온 후 설교를 시작하면서 어쩌면 일찍 돌아가야 할 수도 있다고 사람들에게 말했다. 감사하게도 그런 일은 일어나지 않았지만 다음 설교 시간까지 화장실에서 머물러야만 했다. 나는 이 사건을 통해 무엇인가 깨닫기를 원했다. (나는 로띠 프라타를 정말 좋아하는가 아니면 학습지진아인가?)

곧 시들어, 그 있던 자리조차 알 수 없다."[10]

"주님, 사람이 무엇이기에 그렇게 생각하여 주십니까? 인생이 무엇이기에 이토록 염려하여 주십니까? 사람은 한낱 숨결과 같고, 기우는 그림자와 같습니다."[11]

피조물로서 우리 자신을 겸손히 낮춘다는 것은 하늘에 계신 아버지가 우리를 만드신 그대로, 우리의 연약함과 제한됨이 건강하고 평범한 삶의 일부라는 것을 받아들이는 것이다. 우리의 연약함에 대해 분노하거나, 헛된 계획을 세우려거나, 또는 통제하려고 하기보다는 시편 기자와 같이 하나님께 돌아서서 간구해야 한다.

" '주님, 알려주십시오. 내가 얼마나 더 살겠습니까? 내가 언제 죽겠습니까? 나의 일생이 얼마나 덧없이 지나가는 것인지를 말씀해 주십시오.' 하고 묻지 않을 수 없습니다. 주께서 나에게 한 뼘 길이밖에 안 되는 날을 주셨으니, 내 일생이 주님 앞에서는 없는 것이나 같습니다. 진실로 모든 것은 헛되고, 살아 있는 사람일지라도 한낱 입김에 지나지 않으니, 걸어다닌다고는 하지만, 그 한평생이 실로 지나가는 그림자에 불과할 뿐, 재산을 늘리는 일조차도 다 허사이니, 장차 그것을 거두어들일 사람이 누구일지는 아무도 모르는 일입니다."[12]

---

10) 시편 103:14-16
11) 시편 144:3-4
12) 시편 39:4-6

나는 잘 모른다

나는 모른다는 말을 싫어했다. 나의 지식 밖에 존재하는 삶과 정보들에 대해 인정한다는 것은 마치 패배를 인정하거나 개가 꼬리를 물기 위해 맴돌며 뛰는 것처럼 바보 같은 나의 모습을 인정하는 것이라 생각했다. 나는 모름에 대해 묘사하고 있는 R. D. 레잉(Laing)의 시를 좋아한다.

내가 알고 있어야 할 무엇인가를 모른다.
내가 알아야 함에도 불구하고
내가 모르고 있다는 것을 모르겠다.
만약 내가 모르고 있거나
내가 모르는 것을 모르고 있다면
나는 멍청해 보일 것이다.

그래서 나는 알고 있는 척한다.
내가 알고 있는 척해야 할 것을 모르는 것은
내 신경을 거스르는 일이다.
그래서 나는 모든 것을 알고 있는 척한다.

내가 알아야 할 것을 네가 알고 있는 것 같아.
하지만 그게 무엇인지 너는 말할 수 없지.
내가 무엇을 모르는지 너도 모르기 때문이지.

내가 모른다는 것을 네가 알 수도 있겠지.
하지만 그것을 내가 모른다는 것을 네가 알 수는 없어.
네가 모든 것을 나한테 설명하도록
내가 모른다는 사실을 네게 말하지는 않을 테니.[13]

나는 누군가의 질문을 받고 내가 답하지 못하는 순간이나 그들이 말했던 모든 것을 내가 반드시 기억하고 있어야 한다는 표정으로 나를 바라볼 때마다 동전을 받았으면 좋겠다고 생각했다. 나는 기대로 가득 찬 그들의 눈을 보았다. 나는 모든 것을 완벽하게 기억하고 있는 것처럼 고개를 끄덕이긴 했지만 사실은 그들의 이름조차 기억나지 않을 때도 있었다. 나는 정말 소리 지르고 싶었다. **나는 모르겠다고! 그 장소도 기억나지 않고, 그건 더 모르겠어. 당신이 누군지 모르겠다니까. 그게 무슨 이야기인지 전혀 모르겠다고!** 하지만 나는 내가 알지 못하는 지식과 기억에 대해 아는 척하기로 했다.

나를 가장 자유롭게 풀어준 '**몰라도 괜찮아**'라는 계시는 대학원시절에 찾아왔다. 나는 내 전공분야에서 7년을 공부했기 때문에 안팎으로 자세히 알고 있었다. 내 자신이 인간의 협소한 지식에 몰두하게 되면서 하찮은 인간이 많은 공부를 통해 과연 얼마나 알 수 있을지 의문을 갖게 되었다.

---

13) R. D. Laing, Knots (New York: Pantheon Books, 1970), 56.

자신들의 전문분야에 대해서는 잘 알겠지만 기껏해야 책 한 두 권 분량 정도일 것이고 수준도 서로 비슷할 것이다. 그래서 나는 "멍청한" 질문을 하고 내가 모른다는 것을 인정하면서 새로운 자유로움을 위한 연습을 시작했다. 여전히 지식의 겉치레에 빠지기도 하지만 정반대 방향인 겸손을 향해 조금씩 나아가고 있다. 내가 겸손함을 실천하면 할수록 더 강한 녀석이 내 안에서 자라난다.

시편을 통해 우리는 우리의 제한성을 받아들이는 단순한 행동이 실제적으로는 지혜의 시작이라는 것을 알 수 있다. 우리의 날을 계수[14]하고 인생의 마지막에 대한 고민[15]을 통해 우리는 지혜의 근본이신 하나님 앞에 나아갈 수 있다. 우리가 연약하고 유한하며 제한적이라는 것을 단순히 받아들임으로써 지혜는 시작된다. 세상은 내가 알고 있는 것보다 훨씬 크다. 나는 모든 것에 대해 알 수 없고, 무엇이든 할 수도 없다. 나는 모든 것을 기억할 수 없고 이따금 넘어지지 않고 걷거나 뛸 수도 없다. 나는 흙에서 왔으며 흙으로 돌아갈 것이다.

지금까지 나는 흥미 있는 예화를 들면서 비교적 가벼운 이야기들을 했다. 하지만 우리 또는 타인들이 상처를 입을 만큼 고통스러운 일들도 많이 있다. 다시 말하지만 그것은

---

14) 시편 90:12
15) 시편 39:4-6

우리의 죄 때문이 아니라 우리의 한계로 인한 것이다.

언젠가 장거리 비행 중 다리 통증을 해소하기 위해 통로에 섰다. 주변의 몇 사람들도 나를 따라 일어섰기에 나는 복잡함을 피하려고 다른 곳으로 이동하기로 했다. 다른 승객들 사이를 헤쳐 나가기 위해 팔을 들어 몸을 돌리는 순간 승객에게 식사를 제공하고 있던 승무원을 치고 말았다. 다행히 다친 사람은 없었지만 음식은 사방에 흩어지고 승객이 요청한 특별 식사도 사라지고 말았다. 승무원은 신속히 치우려고 서두르면서 나를 바라보았다. 만약 바라보는 것만으로도 사람을 죽일 수 있다면 나는 이 자리에 존재하지 못했을 것이다. 그녀의 단 한 번의 눈길로 나는 제압당하고 말았다. 나는 그 상황을 되돌릴 수 없음에 사과를 반복했고 곤란해서 죽을 것만 같았다. 나의 인간성을 드러내는 이런 실수로 인해 주변의 여러 사람들에게 피해를 주었다.

우리의 선한 동기에도 불구하고 견딜 수 없는 고통을 초래한다면 어떻게 할까?

오프라 윈프리 쇼에서 한 여성이 자신의 이야기를 나누었다. 어느 날 그녀의 어린 아들을 카시트에 앉히고 집으로 운전하던 중 급하게 필요한 물건이 있어서 잠시 멈추고 편의점으로 뛰어 들어갔다. 그녀는 무심결에 차에 키를 두고 나왔고 아이는 뒷좌석에 앉아 있었다. 편의점에서 나오는 순간 누군가 차를 훔치려고 그녀의 차에 들어가는 모습을 목격했다. 그녀는 정신없이 차로 달려가 아들이 앉아 있는 방향의 문을 열기 위해 허둥거렸다. 안전벨트를 풀기 위해 서둘렀지만 차는 출발했고 모든 것이 너무 늦어버렸다. 그녀는 미처 풀지 못한 안전벨트에 걸려 차에 끌려가는 아들을 겁에 질려 지켜볼 수밖에 없었다.

지금 글을 쓰고 있는 이 순간에도 너무 마음이 아프다. 우리의 선한 행동이 잘못되었을 때 일어나는 잠재적인 고통은 견디기 너무 힘들다.

유한한 피조물로서의 인생은 다양하게 나타난다. 한편에는 재미있는 일들이, 다른 한편에는 말로 다 할 수 없는 고통이 있다. 그러나 우리는 반드시 멈추어 하나님의 위대하심을 돌아보는 시간을 가져야 한다. 무슨 일이 일어나던지 하나님은 그것보다 위대한 분이며, 바로 그것이 우리의 유일한 희망이다.

우리는 한계가 있는 존재이다. 하나님 없는 인생은 우리에게 두려움이다. 우리가 그것에 대해 모른다면 과연 누가 알 수 있겠는가? 우리는 동물의 왕국에서 가장 현명한 존재이며 최고의 위치에 있다. 그러나 삶이 우리의 능력 밖에 있다면, 우리의 무지와 무능 때문에라도 우리는 타인과 자신에게 고통을 안길 수밖에 없는 운명인 것이다. 우리가 선한 동기를 가지고 살아가더라도 삶은 우리에게 헤아릴 수 없는 상처를 주기도 한다. 이 여정의 첫발을 떼는 현명한 방법은 우리의 연약함과 제한성 그리고 필요를 인정하는 겸손함에 있으며, 우리를 돌보고 그분의 생각을 계시하는 하나님께로 돌아가는 것이다.

수치심

유한한 인간성에 고통스럽게 직면하게 될 때, 우리는 우리를 무너뜨릴 만큼 신랄한 수치심에 굴복하는 것으로부터 벗어나도록 강한 유혹을 받게 된다. 나는 내 안에서 크게 소리치며 내가 한 일에 대해 나를 비난하고 부끄럽게 하는 그 말들에 대해 잘 알고 있다. 매운 음식에 꼼짝 못하게 되거나, 여권을 챙기지 못해 누군가 대신 가져오도록 하거나, 자동차 사고 아니면 죽음에 이르기까지 그 말들은 이렇게 들려온다.

네가 더 잘 알아봤어야지.
너는 정말 멍청해, 더 잘 했어야지.
나는 정말 나약해. 모두 내 잘못이야.
나는 골칫덩어리야.
나는 한 번도 제대로 일을 해낸 적이 없어.
내가 충분히 생각만 했더라도 다르게 할 수 있었을 텐데.

결국 나는 결점 투성이라고 결론을 맺는다. 그리고 나의 한계와 유한성 때문에 내가 연약하게 되었으며 바로 그것이 문제라고 생각하게 된다. 아니면 자신의 연약함으로 인해 자기혐오에 빠지거나, 나로 인해 생길지도 모르는 피해에 대한 두려움 때문에 모든 것을 손에 쥐고 통제해 보려고 애쓰기도 한다.

이러한 고민들은 전혀 새로운 것이 아니다. 그것은 타락한 세상에서 이미 심각하게 일어난 일이다. "하나님은 너희가 그 나무 열매를 먹으면, 너희 눈이 밝아지고 하나님처럼 되어서, 선과 악을 알게 된다는 것을 아시고 그렇게 말씀하신 것이다."[16]라고 하며 이브를 속이려고 시도했던 사탄을 보면 알 수 있다.

하나님은 이미 그분의 형상을 따라 이브를 만들었고, 그것은 바로 그녀의 선택을 위해 하나님이 염두에 두었던 이브의 성품과 능력이었다. 이브가 더 큰 능력을 원할 수도 있겠지만, 그녀는 이미 하나님의 형상으로 지음 받은 존재였다. 그런 그녀에게 사탄은 그녀를 하나님처럼 되라고 유혹했다. 하지만 유혹에 빠지는 것은 그녀가 상상할 수 있는 강하고 위대하며, 삶의 정수를 경험하는 것보다 훨씬 더 큰 고통과 고난을 초래하는 것일 수도 있다.

바로 이것이 한 눈에 보기에는 매우 비슷하게 보이는 겸

---

16) 창세기 3:5

손함과 수치심의 차이를 이해하는 핵심이다.

피조물로서의 겸손이 의미하는 것은, 우리의 한계를 수용하는 것이 지극히 정상적이며 건강하다는 사실이다. 사탄은 이브에게 와서 평범한 삶이란 마치 우리가 하나님처럼 강해야 하고, 모든 것에 대해 알아야 하며, 절대로 실수하거나 시간을 낭비하지도 않으며, 우리 스스로 모든 것을 할 수 있는 것이라고 하면서 그녀의 관점을 바꿔 놓으려 했다. 하지만 그렇게 살지 못할 때, 은연 중에 근본적으로 우리가 잘못되었다는 생각을 갖게 된다. 죄로 인한 경각심보다는 도리어 완전히 잘못되었고 엉망진창이라는 수치심에 빠지게 된다. 수치심이란 우리가 하나님처럼 될 수 없기에 가치가 없으며, 자신을 부끄럽게 여겨야 한다고 느끼는 것이다. 우리는 유한하고 제한되며, 창조되었고 그것으로 인해 우리는 연약할 수밖에 없다.

어쩌면 당신은 **하나님이 우리를 이렇게 만드신 이유가 뭐죠?** 라고 묻고 싶을 것이다.

더 적절한 질문은 "우리는 무엇을 생각하고 있는가?"라고 묻는 것이다.

우리의 연약함은, 전능하신 분 앞에서 열등함에 대한 기쁨과 영광스러움과 축하함을 의미한다. 당신이 모든 것을 알지 못해도 괜찮으며, 모든 것을 갖고 있지 않아도 괜찮다는 것. 그래서 당신이 도움을 요청해도 괜찮다는 것을 알게 되는 것. 바로 이것이 하나님이 우리에게 원하는 가장 기본적이고 순수한 기쁨이 되는 것이다.

C. S. 루이스는 이렇게 표현했다.

> 한 순간 어린아이와 같지 않으면 천국에 들어갈 수 없다는 구절이 생각났다. 아이들에게 - 자만심이 가득한 아이들이 아닌 선한 아이들에게 - 있는 위대하고 꾸밈없는 기쁨은 칭송받을 만하며, 그것은 너무나 명백한 사실이다.
>
> 이러한 순수함은 아이들에게서만이 아니라 개나 말에게서도 찾아볼 수 있다. 여러 해 동안 가지고 있었던 겸손에 대한 잘못된 생각은 분명히 나로 하여금 진정한 겸손과 아이다움 그리고 기쁨을 주는 존재에 대해, 아니 그것이 아니라 사람 앞에서의 동물처럼, 아버지 앞에서의 자녀처럼, 스승 앞에서의 제자처럼, 창조주 앞에서의 피조물과 같이 열등한 존재로서의 기쁨에 대해 오해하도록 했다.[17]

전능하신 하나님 앞에서 열등하고 연약한 존재로서의 기쁨은 오히려 우리에게 축복이다. 하지만 이러한 사실로부터 너무 멀어진 우리에게 이것은 터무니없어 보인다. 우리는 낮아진 우리 자신에게서 기뻐할만한 것을 아무 것도 찾을 수가 없다. 우리 자신이 드러난다는 것에 대한 극심한 공포와 그것으로 인한 잠재적인 고통은 연약함을 인정하기보다 자

---

17) C. S. Lewis, The Weight of Glory (영광의 무게), 개정판. (New York: Collier Books, 1980), 12.

아를 고수하기 위해 죽음도 불사할 우리의 위대한 영웅들을 겁쟁이로 만들기에 충분하다.

파스칼은 다음과 같이 말했다.

나를 둘러싼 원자(原子)처럼 또는 순식간에 엄습하는 그림자처럼 나는 사방에서 아득한 영원을 본다. 나는 곧 죽을 것이라는 것을 알고 있다. 하지만 피할 수 없는 이 죽음에 대해 알고 있는 것이 없다. 영원으로 빨려 들어가는 내 인생을 언뜻 돌아보니, 내가 전혀 알지 못하고 그들 역시 나에 대해 알지 못하는 영원하고 광대한 공간 속으로 빨려 들어가는, 내가 차지하고 있는 작은 공간을 보면서 너무 놀라 겁에 질렸다.[18]

우리의 한계를 받아들이면서 동시에 우리를 둘러싼 믿기 어려운 힘을 마주한다는 것은 정말 두려운 일이다.

성경에 나오는 욥의 이야기는 인간의 한계에 대해 하나님이 어떻게 응답하는지 명확하게 보여준다.

엎친 데 덮친 격으로 최악의 상황이 욥에게 일어났다. 그는 부와 자녀와 친구와 건강, 모든 것을 한꺼번에 잃었다. 사람들의 위로의 말이 전해질 겨를도 없이 엄청난 상실감이 순식간에 찾아왔다. 이런 역경에도 불구하고 그는 "모태에서 빈손으로 태어났으니, 죽을 때에도 빈손으로 돌아갈 것

---

18) Blaise Pascal, Pensees (팡세), 개정판. (London: Penguin Classics, 1995), 130.

입니다. 주신 분도 주님이시오, 가져가신 분도 주님이시니, 주의 이름을 찬양할 뿐입니다."[19]라고 말했다.

그는 자신의 위치와 하나님이 어떤 분인지 알았기에 창조주 앞에서 피조물로서 이 모든 비극적인 상황을 겸허히 받아들였다.

욥은 잿더미 위에 앉아 종기에서 흐르는 고름을 긁어내고 있었다. 그의 친구들이 찾아와 하나님이 그를 벌하시는 것은 분명히 욥의 감춰진 죄 때문이라고 말했지만 그는 받아들이지 않았다. 하지만 연약하고 상처받기 쉬운 고통은 그를 서서히 잠식했으며 결국 하나님 앞에서 자신을 변호하려고 했다. 하나님은 어떻게 반응했는가?

하나님은 폭풍 가운데 나타나 욥에게 몇 가지 질문을 했다.[20] 달리 표현해 보자면 다음과 같았을 것이다.

내가 몇 가지 물어볼 테니 너의 지혜를 총 동원하여 나를 가르쳐 보거라!

내가 땅의 기초를 놓을 때 너는 어디에 있었느냐?
누가 이 땅을 설계하였는지 너는 알고 있지 않느냐?
누가 바다의 한계를 정하였느냐?

---

19) 욥기 1:21
20) 욥기 38장

너는 지금까지 살아오면서 아침에게 명령하여 동이 트게 해 본 일이 있었느냐?

욥기에서 하나님은 네 개의 장에 걸쳐 욥이 살고 있는 세상에 대해 질문을 하면서 당신의 하나님됨과 그들이 인간됨으로부터 얼마나 멀어졌는지 상기시켜주었다.

마침내 욥은 자신의 연약함과 지식의 한계를 인정하고 겸손히 주께 대답했다.

"주께서 못하시는 일이 없으시다는 것을 이제 저는 알았습니다. 주님의 계획은 어김없이 이루어진다는 것도 저는 깨달았습니다.… 깨닫지도 못하면서 함부로 말을 하였습니다. 제가 알기에는 너무나 신기한 일들이었습니다.… 주님이 어떤 분이시라는 것을 지금까지는 제가 귀로만 들었습니다. 그러나 이제는 제가 제 눈으로 주님을 뵙습니다. 그러므로 저는 제 주장을 거두어들이고 티끌과 잿더미 위에 앉아서 회개합니다."[21]

예수께서 시몬 베드로의 배에 올라 무리를 향해 가르칠 때 제자들에게서도 이와 동일한 반응을 볼 수 있다. 예수께서 시몬에게 그물을 내리라고 말하자 시몬은 자신들이 밤새도록 수고했지만 아무것도 잡지 못했노라고 대답했다. 하지만 예수님을 기쁘게 해 드리기 위해 시몬은 그물을 던졌

---

21) 욥기 42:1-6

고 두 척의 배가 가라앉을 만큼 많은 물고기를 잡았다.

"이것을 본 시몬 베드로는 예수의 발 앞에 엎드려 '주님, 저는 죄인입니다. 저에게서 떠나 주십시오.'하고 말했다. 베드로와 동료들은 너무나 많은 고기가 잡힌 것을 보고 놀라움에 사로잡혔다."[22]

자신의 한계를 직면한 베드로는 자신을 낮추었다.

느부갓네살은 마지못해 이같은 상황에 이르게 되었다. 광활한 영토를 다스리는 막강한 왕으로서 그는 모든 것을 자신의 손으로 이루었다고 생각했다.

"내가 세운 이 도성, 이 거대한 바빌론을 보아라! 나의 권세와 능력과 나의 영화와 위엄이 그대로 나타나 있지 않느냐!"[23]

하나님은 그를 왕좌에서 떠나게 했고, 그의 정신마저 혼미하게 되었다. 그는 칠 년 동안 들판에 머물며 들짐승처럼 풀을 먹고 살았다. 하나님이 그가 제정신을 찾도록 했을 때라야 그는 자신을 겸손히 낮추며 하나님의 위대하심과 자신의 부족함을 고백했다. 그는 단지 한 인간에 불과했을 뿐이었다.

굴욕적으로 강요당하는 것보다 기꺼이 사실을 받아들이는 편이 훨씬 낫다. 몇 년 전 TV 설교자인 지미 스워가트의 범죄가 드러났다. 그는 대중 앞에서 "아마도 지미 스워가트는 자신이 인간이 아닌 것처럼 살아보려고 했던 것 같습니

---

22) 누가복음 5:8-9
23) 다니엘 4:30

다."라고 고백했다.[24] 그는 자신이 연약한 존재임을 무시하고 인간보다 뛰어난 강한 존재인 것처럼 살아보려고 했다. 하지만 그런 삶에 더 이상 하나님의 은혜는 없었고, 그의 교만함은 자신을 파괴했다.

스워가트나 느부갓네살과 같이 때로는 굴욕을 통해서 하나님과의 관계의 문을 열 수 있다. 우리들 대부분은 객관적 진리에 대한 명료한 논쟁으로 하나님을 발견하게 되거나 이성적 확신으로 그분께 순종하지는 않는다. 오히려 구멍을 파고 문제에 빠져들며 버틸 수 있을 만큼 버둥거리다가 마침내 도움이 필요하다는 것을 인정하게 된다. 우리가 저질러놓은 일들은 우리가 남들보다 낫기를 바라며 부려왔던 허세가 무엇을 의미하는지조차 모른다는 것을 보여준다.

바울은 이 가르침을 어렵게 배웠다. 하나님은 그에게 '몸의 가시'[25]를 주었고, 바울은 그것을 없애달라고 세 번이나 주님께 애원했다. 하지만 하나님은 바울에게 "내 은혜가 네게 족하다. 내 능력은 약한 데에서 완전하게 된다."[26]고 말했다. 다시 말하면 하나님의 능력은 오직 자신이 티끌처럼 보잘 것 없는 인간이라는 것을 받아들이는 사람을 통해서만 온전히 드러난다. 마침내 바울은 이 사실을 깨달았다.

---

24) 다니엘 4:34-35
25) 고린도후서 12:7
26) 고린도후서 12:9

"그러므로 나는 그리스도를 위하여 병약함과 모욕과 궁핍과 박해와 곤란을 겪는 것을 기뻐합니다. 그것은 내가 약한 그 때에, 오히려 강하기 때문입니다."[27]

바울은 바리새인으로서 삶의 대부분을 권력을 향해 쫓아다녔으나 하나님은 그의 연약함을 위해 은혜 주기를 원했다. 어쩌면 우리도 바울과 같이 다양한 몸의 가시를 지니고 있을 수 있다. 바울이 벗어나기 위해 애썼으나 할 수 없었던 것처럼, 우리도 인간의 한계를 뛰어넘어 살 수 없다는 것을 알아야 한다. 우리가 고통에 직면할 때나, 반드시 강해야 하고, 모든 것을 알아야 하며, 무엇이든 할 수 있다는 우리의 잘못된 추측이 드러날 때, 하나님은 우리가 유한한 피조물이며 무한한 하나님이 절대적으로 필요하다는 사실을 알려준다. 그리고 그분과 함께 헤쳐나갈 기회를 제안한다.

암으로 돌아가신 어머니를 지켜보던 기억이 난다. 어머니의 피부 위로 불거진 작은 종양을 느껴보기도 했다. 우리의 연약함 속에서 고통의 순간에 사랑을 나누며, 죽음에 이르는 여정을 함께 걸어갔던 시간들이 나에게는 소중한 추억으로 남아있다.

1.5kg의 미숙아로 태어난 아들을 처음 보았을 때 아들은

---

[27] 고린도후서 12:10

마치 작은 난민처럼 보였다. 아들의 가슴은 내 엄지와 집게 손가락 안에 들어올 정도로 작았다. 의사는 미숙아에게 얼마나 산소를 공급해야 하는지 모르겠다고 내게 말했다. 산소 공급이 과하면 눈에 나쁜 영향이 있고, 반대로 부족하면 뇌 손상이 일어날 수 있다. 나는 전적인 무력감 가운데 너무나 고통스러웠다. 나와 아내는 다급하게 하나님께 나아가 이 고통의 순간을 우리와 함께해 주시도록 그분의 은혜를 구했다.

나는 형이 골암(骨癌)으로 죽어가던 모습도 지켜보았다. 형이 죽던 날, 나는 형의 아이들을 데리러 학교에 갔다. 위의 두 아이들은 집에 데려다주고, 막내인 마이카가 죽은 아빠의 무릎 위로 기어올라 울다 지쳐 잠이 드는 모습을 지켜봐야했다. 마음이 찢기듯 고통스러웠던 아픔이 내게 새로운 길을 열어주었다.

연약함의 고통을 받아들이는 것, 어떤 것도 고치거나 해결할 수 없는 무능함, 아니면 아무것도 멈추게 할 수 없다는 것은 계속해서 우리에게 하나님이 필요하다는 사실과 마주하게 만든다.

우리는 어떤 시기에는 다른 사람들보다 하나님이 더 필요하지 않다고 생각한다. 하나님이 필요하다는 인식은 시시각각 변하지만 내가 얼마나 그분을 필요로 하는지는 깨닫지 못한다. 어머니나 형 그리고 나의 아들은 그들이 아팠을 때

만큼이나 건강할 때에도 하나님이 필요했다. 나 역시 그렇게 느끼지 못할지라도 나는 지금 그분이 필요하다. 하나님은 그분의 능력으로 우리와 함께 한다. 우리는 절대적으로 그리고 언제나 하나님께 의지해야 한다. 그분의 능력, 그분의 지혜, 그분의 존재는 실제적으로 우리와 함께 한다. 하나님은 세상을 창조하고 그대로 두지 않았다. 그분은 매 순간, 끊임없이 돌보고 계신다.

솔직히 말해서, 믿음 없는 사람들이 어떻게 하나님의 역할을 스스로 감당하고 있는지 잘 모르겠다. 그들은 자신들이 보잘 것 없는 존재임을 뼛속 깊이 알고 있지만 연약함과 겸손함을 편하게 받아들이지 못하고 늘 경계하고 있다. 우리를 위해 계획되지 않은 신의 역할을 감당해 보려고 애쓰지만 결국에는 지쳐버리고 만다.

기독교인으로서 우리는 모든 답을 알고 있어야 하거나 모든 것을 통제하려 하지 않아도 된다. 왜냐하면 우리는 모든 것에 대해 알고 있으며, 모든 것을 해결하기에 충분한 누군가를 알고 있기 때문이다. 내 생각에 이것이 믿음 안에서 어린아이와 같이 된다는 뜻인 것 같다. 우리가 답을 모를지라도 아버지는 알고 있다는 것을 우리는 알고 있다. 그리고 그분께서 모든 것을 바로 잡을 것이다. 그것만으로 우리에겐 족하다.

불가피한 인간의 연약함에 대해 어떻게 다룰 것인가에 대한 문제는 이 세상과 하나님 나라의 차이를 분명히 보여준다.

이 세상은 힘과 권력을 숭배한다. 부족함과 취약함은 연약함의 증거이며, 어떤 값을 치르더라도 피해야 하는 것으로 생각한다. 하지만 하나님의 왕국에서는 창조주의 능력 앞에서 모든 것은 연약하고 취약한 것이 당연하다. 우리는 하나님의 능력으로 우리를 만져주는 기회가 될 수 있는 연약함에 대해 오히려 기쁘게 받아들일 수 있다.

그러나 여기서 중단해서는 안 된다. 연약함을 인정하는 것은 하나님의 은혜를 찾게 되는 출발점이다. 풍성한 삶이 우리에게 제공되었음을 기억하고, 우리에게 이루어질 때까지 결코 멈추지 말아야 한다.

지금까지 제한된 존재로서의 우리를 인정하는 것에 대해 살펴보았다. 이제 우리는 죄에 대해서, 그리고 우리가 선택한 결과에 대해서 어떻게 해야 하는지 물어야 한다.

제 3장
죄인으로서의 겸손

제 3장
죄인으로서의 겸손

처음부터 우리는 '피조물로서의 겸손'과 교만함으로부터 낮아지는 '죄인으로서의 겸손'에 대해 명확히 구분할 필요가 있다. 이 둘은 상호의존적이면서도 매우 다르다. 피조물로서의 겸손은 일반적으로 우리의 선택 여부와 관계없이 우리의 삶에 찾아온다. 우리는 일부러 실패하거나 바보 같은 실수를 하기로 선택하지 않으며, 우리를 둘러싼 세력에 대한 통제력을 잃기로 선택하지 않는다. 이것은 단지 우리 삶의 일부분이다. 우리의 유일한 선택은, 우리의 한계에 대해 어떻게 받아들일 것인가에 관한 것뿐이다.

교만에 뿌리를 둔 죄인으로서의 겸손은 단순히 한계를 인정하는 것을 넘어선다.

몇 해 전, 미혼의 심야방송 토크쇼 진행자가 자신에게 하나님이 필요하다고 고백하는 것을 본 적이 있다. 그는 종종 여성과의 잠자리에 대한 자신의 경험을 방송에서 이야기하곤 했다. 그는 자신의 피조물로서의 한계와 연약함에 대해 인지하고 있었지만, 단지 그것을 인정하는 것을 넘어 자신의 윤리적 선택에 의한 자기만족이나 오만한 삶에서 벗어나는 데 전혀 진전이 없었다. 이와 같이 겸손에 대한 하나의 측면만으로는 충분하지 않다.

 우리를 '죄인'으로 정의하는 교만을 우리 삶에서 찾기는 쉽지 않다. 당신에게 더 많은 교만이 있을수록 그것을 알아채기가 더 어려워진다. 그것은 마치 당신이 잠에 빠져있을 때 깨어있음에 대해 알 수 없는 것과 같다. 오직 깨어있는 사람만이 잠에 대해 알 수 있다. 당신이 겸손히 낮아질 때 비로소 교만에 대해 이해할 수 있다. 그러나 교만한 사람들은 그런 시도를 원하지 않는다. 교만은 사람의 눈을 가리기 때문에 오만한 사람은 교만에 대해 전혀 알지 못한다. 우리는 가장 절실하게 필요한 '관계'를 얻기 위해 우리에게 없는 '겸손'을 구해야 한다. 그러나 교만은 우리의 필요에 대해 깨닫지 못하도록 한다.

 교만은 우리 삶의 모든 영역에 영향을 미치고 있기 때문에 우리가 교만에 대해 인식하기란 쉽지 않다. 우리는 어린 시절부터 교만으로 양육되었고, 학교에서는 또래들의 압박으로 교만을 강제로 받아들여야 했으며, 교만에 흠뻑 젖어있는 세상으로 떠밀려 들어갔다. 점차 무엇인가 잘못되었다는 것을 깨닫게 되지만, 폭력적인 남편과 사는 부인처럼 차라리 인식하고 있는 고통이 인지할 수 없는 고통보다 낫다고 생각하게 된다. 그래서 더 나은 것을 찾는 대신, 알 수 없는 겸손의 고통보다 오히려 자신이나 타인으로 인해 받는 고통이 낫다고 믿으면서 우리의 교만을 유지한다.

그렇지만 여전히 교만을 정의하기란 거의 불가능하다. 이것은 마치 안경을 수리하려는 것과 같다. 당신은 안경이 어디가 잘못되었는지 확인하기 위해 안경을 벗어야 한다. 하지만 안경을 벗으면 잘 볼 수 없다. 우리가 할 수 있는 일이란 우리 삶에 나타난 교만의 열매를 찾아보는 것이다. 만약 열매가 있다면 교만의 뿌리 역시 거기 있을 것이다.

교만의 열매

성경은 성공에 대해 부나 천재성, 중요함 같은 것들이 아니라 친밀함으로 설명한다. 하나님이 보기에 당신의 성공은 엄청나게 돈을 많이 벌거나 뛰어난 지능을 갖는 것이 아니며, 유명해지는 것도 아니다. 만약 당신이 하나님과 사람들 사이에서 친밀함으로 함께 한다면 바로 그것이 하나님의 눈에 성공이라 할 수 있다.

이것은 아주 간단한 것 같지만 우리가 할 수 있는 일 중에 가장 어려운 일이기도 하다.[28] 교만에 대해 다양한 방식으로 이야기할 수 있지만 나는 여기서 교만이 어떻게 우리가 성공할 수 있는 능력(하나님과 서로에게 좋은 관계를 맺

---

[28] 내가 말하는 것은 신체적 또는 성적인 친밀감을 의미하는 것이 아니라, 하나님과 사람들과의 관계에서 연약하지만 열려 있고, 진실한 것을 뜻한다.

도록 하는)을 파괴하는지, 가장 간교한 방식으로서의 교만에 대해 말하고자 한다.

이에 대해 아담과 이브의 이야기보다 더 고통스럽게 드러난 것은 세상 어디에도 없다. 그들이 교만으로부터 자유롭게 살고 있었던 시절에 대하여 성경은 이렇게 말하고 있다.
"남자와 그 아내가 둘 다 벌거벗고 있었으나, 부끄러워하지 않았다."[29]
그러나 그들이 교만함을 선택하자마자 수치심을 느꼈고, 자신의 벌거벗음(연약함)을 가렸으며, 하나님으로부터 숨으려 했다.

그들처럼 교만은 성공으로 이끄는 우리의 관계 능력을 파괴하고 본래의 우리 모습 또한 파괴한다. 결국 우리는 아담과 이브처럼 자신을 가리고 하나님과 사람들로부터 숨게 되었다. 어떻게 이런 일이 벌어지는지 살펴보자.

우리는 권력에 눈이 멀었다. 모든 관계에서 가장 파괴적인 요소는 권력 남용이다. 극단적인 관계는 사랑을 잃어버린 채 권력의 기반 위에 맺어진다.

사탄은 이브에게 만약 그녀가 금지된 열매를 먹는다면 하나님처럼 될 것이며, 선과 악에 대해 알게 될 것이라는 거짓

---

[29] 창세기 2:25

으로 유혹했다.[30] 그런데 중요한 점은 그녀는 이미 하나님처럼 되었다는 것이다. 아담과 이브는 하나님의 형상을 따라 창조되었다고 성경은 말하고 있다. 이것은 그들의 성품, 그리고 결정할 수 있는 능력과 관련이 있다. 요컨대 그들은 스스로 방향을 설정하고 자신의 선택에 책임질 수 있었다. 그들은 공의와 사랑, 자비와 은혜 그리고 겸손함까지 하나님을 닮았다. 그들은 하나님의 길을 선택할 수 있었고, 살아가는 동안 하나님의 성품을 드러내며 더욱 아름답게 성장할 수 있었다. 그런데 사탄은 뭐라고 했는가?

앞서 살펴보았듯이 사탄의 거짓말은 그들이 하나님처럼 될 것이며, 어떤 피조물도 경험할 수 없는 능력을 갖게 될 것이라는 것이다. 우리는 본래 제한되고 유한한 존재이다. 하나님은 우리가 건강하고 자연적인 소망을 품고 더욱 그분을 닮아가고 성장하도록 창조했다. 그런데 사탄의 담대한 거짓말은 우리의 자연적인 소망을 **성장**(원래 하나님이 의도했던)에서 **사로잡힘**으로 왜곡시켰다. 우리는 유한한 존재로 남아있거나 하나님의 속도에 맞춰 성장하는 대신, 쉬운 길을 찾고 스스로 모든 일을 해결하려 하며, 하나님과 동일한 존재가 되기를 원하게 되었다. 이것은 권력을 향한 우리의 본능적인 의지가 권력의 욕구에 **빠져서**, 우리의 마음을 오만한 삶에 온통 **빼앗기도록** 만들었다.

---

30) 창세기 3:5

C. S. 루이스는 이렇게 설명했다:

> 사탄이 우리 선조의 머릿속에 심어놓은 생각은, 그들이 '신과 같은 존재'가 될 수 있으며, 스스로의 주인이 되어 하나님을 떠나서 자신들을 기쁘게 할 수 있는 무엇인가를 발견할 수 있으리라는 것이었다. 이런 절망적인 시도를 통해 인류 역사 속에서 돈, 빈곤, 야망, 전쟁, 매춘, 계급, 제국, 노예제도 같은 것들이 출현하였으며, 끔찍하고 기나긴 인간의 이야기는 그들을 행복하게 해줄 하나님이 아닌 다른 무엇인가를 찾고 있다.[31]

독일의 철학자 프리드리히 니체는 권력을 향한 굶주림이 인간 본성의 핵심이라고 주장했다. 그는 '권력 의지'가 그 어떤 것보다 원초적으로 사람을 움직이는 것이라고 했다. 태초부터 우리는 누군가의 운명을 통제하는 이 왜곡된 것을 얻기 위해 투쟁해 왔으며, 하나님을 포함한 누구로부터의 간섭도 받지 않고 자신의 완전한 잠재력을 실현하기 위해 애써왔다.

여기서 알 수 있듯이 권력은 통제라는 궁극적인 목표를 이루기 위한 매우 단순한 방법을 제공한다. 통제의 목적은 **만족**(내가 원하는 것을 얻고 싶을 때)과 **안전**(절대로 상처를 받지 않는)이다.

---

31) C. S. Lewis, Mere Christianity(순전한 기독교) (New York: MacMillan Publishing Co., 1960), 53.

관계에서 권력을 이용하는 것은 누군가 어떤 일이 일어나도록 결정하는 능력, 즉 상대방의 의지와 상관없이 내가 원하는 바를 얻기 위해 그들이 나에게 양보하도록 만드는 능력을 의미한다. 권력의 기초 위에 세워진 관계는 유지될 수 없다. 왜냐하면 권력과 통제는 관계를 부인하기 때문이다. 만약 내가 사랑하는 사람을 통제하려고 한다면, 그것은 사랑하는 사람을 거의 나의 연장선으로 취급하는 것과 마찬가지이다. 나와 내 자신 사이에는 관계라는 것이 존재할 수 없다. 내가 관계 안에서 권력을 사용하는 순간, 상대는 그저 나의 기쁨과 만족을 얻기 위한 도구로 전락해버리고 상대와의 모든 관계를 부정하는 것이 된다.

그럼에도 우리 대부분은 거절감에 대한 두려움이 매우 고통스럽기 때문에 관계에서 작은 조짐이라도 보이면 즉각적으로 통제하기 위해 달려든다. 우리는 권력을 유지하기 위해 소유, 지식, 지위와 같은 여러 방안을 동원한다.

로버트 그린은 '**권력의 48가지 법칙**'[32] 이라는 그의 저서에서 타락한 세상에서의 삶의 정수에 대해 흥미롭게 기술하고 있다. 그의 원칙들은 권력에 눈이 멀어 병든 세상에 대해 완벽하게 묘사하고 있으며, 이런 원칙들은 성공과 삶, 사랑에 대해 말하는 하나님의 길과는 정반대되는 방법들을 제시하고 있다(그의 의견에 대해 명확하게 하기 위해 괄호 안

---

32) Robert Greene, The 48 Laws of Power (New York: Viking Press, 1998)

에 내 생각을 덧붙였다).

- 법칙 1: 절대로 주인보다 잘난 척 하지 말라(당신이 원하는 것을 얻기 위하여 권력자를 받들어 모셔야 한다).
- 법칙 2: 결코 친구를 과신하지 말고, 적을 이용하는 방법을 배우라. 적보다 친구를 더 경계해야 한다.
- 법칙 3: 당신의 의도를 드러내지 말라. 사람들로 하여금 당신 행동의 숨은 뜻을 알아채지 못하도록 하라.
- 법칙 5: 명성에 의지하고, 얻은 명성은 목숨을 걸고 지켜라(자기 예찬은 정말 중요하다).
- 법칙 6: 무슨 수를 써서라도 당신이 주목받게 하라.
- 법칙 7: 사람들이 당신을 위해 일하도록 하라. 언제나 이익을 챙겨야 한다.
- 법칙 8: 사람들이 당신에게 찾아오도록 하라. 필요하다면 미끼를 사용하라(사람들을 사로잡기 위해 덫을 활용하라).
- 법칙 11: 사람들이 당신을 끝까지 의존하게 하라(사람들을 통제하기 위해서는 언제나 그들이 필요한 것을 얻기 위해 당신을 의지하도록 해야 한다).
- 법칙 12: 당신의 제물이 안심하도록 정직함과 관대함을 적절히 활용하라(진실 따위는 상관없다).
- 법칙 14: 친구인 척 행동하고 스파이처럼 일하라(정보는 곧 힘이다. 정보를 얻고 이용하라).
- 법칙 17: 예측 불가능한 환경을 조성하여 사람들을 잠재적인 공포에 머물게 하라(자신을 드러내어 사람들이 당신

에 대해 알지 못하도록 하라. 그들을 불안하게 함으로써 당신은 안전하게 된다).

- 법칙 20: 사람들이 서로 대립하도록 하고 누구에게도 헌신하지 마라. 당신이 누군가에게 의무감을 느끼지 않도록 하라. 누군가에게 당신이 헌신한다는 것은 노예가 되는 일이다.
- 법칙 21: 바보들을 잡기 위해 바보가 되라. 당신이 더 모자라게 보이도록 하라. 그들이 당신보다 더 똑똑하다고 여긴다면, 당신이 숨은 동기를 갖고 있을 것이라고는 결코 의심하지 않을 것이다.
- 법칙 27: 사람들의 필요를 이용해 광신자 집단처럼 따르게 하라(사람들이 자신들보다 더 큰 존재에 믿음을 갖도록 그들의 욕망을 조정하라).
- 법칙 31: 선택권을 통제하라. 사람들이 당신이 패를 쥔 게임에 참여하게 하라. 최고의 속임수는 상대방이 선택권을 갖고 있다고 생각하게 만드는 것이다. 당신의 제물은 그들이 모든 것을 통제하고 있다고 생각하겠지만, 실제로는 당신의 꼭두각시에 불과하다.
- 법칙 33: 각 사람에게 고통을 안기는 것이 무엇인지 찾아보라(당신의 이익을 위해 타인의 고통을 이용하라).
- 법칙 36: 가질 수 없다면 무시하라. 그들을 무시하는 것이 최고의 복수이다. 관심을 보이지 않는 것이 당신을 더욱 우월하게 보이도록 한다.
- 법칙 38: 생각은 자유롭게 하되 행동은 타인처럼 하라(그들을 조정하기 위해서는 그들처럼 보여야 한다).

- 법칙 39: 물고기를 잡기 위해서 물을 휘저어라. 당신이 할 수 있는 한 그들을 흔들면서 약점을 찾아 쥐고 있어야 한다.
- 법칙 40: 공짜는 없다(어떤 것이든 공짜는 위험하다. 언젠가는 그 대가를 지불해야 하니 조심하라).
- 법칙 42: 양치기를 공격하면 양들은 흩어진다. 아무리 강한 개인이라도 문제점은 찾을 수 있다. 그들을 고립시키거나 내쫓음으로써 영향력을 무력화하라.

로버트 그린은 이렇게 요약했다.

권력의 중요한 기초가 되는 이러한 기술 중에서 가장 중요한 것은 당신의 감정을 통제하는 능력이다. 상황에 대한 감정적인 대응은 권력을 향한 가장 큰 장애물이다. 한 번의 실수로 인해 당신은 감정을 드러냄으로써 얻게 되는 일시적인 만족과 비교할 수 없을 만큼 엄청난 대가를 지불해야 할 것이다.

감정은 당신의 이성을 흐리게 한다. 당신이 상황을 명확하게 파악하지 못한다면 어떤 준비나 대응도 제대로 할 수 없을 것이다. 당신 스스로 어느 정도 거리를 유지하지 않거나 매일 매일 상황에 맞는 가면을 쓰고 다양한 사람을 연기할 수 없다면 사람들을 속일 수 없다. 외모와 거짓의 기술을 완성하는 것은 인생의 심미적 쾌감이다.[33]

---

33) Green, 48번째 법칙

로버트 그린은 "실제로 당신이 권력을 잘 다룰수록 당신은 더 나은 친구, 연인, 남편, 아내, 사람이 된다."라고 했다.

그것이 정말일까?
살아가는 동안 이런 전략들을 훈련하는, 권력에 굶주린 인간들을 살펴보자. 과연 성공이란 무엇이며, 우리들은 사람들과의 관계에서 행복할 수 있을까? 어떤 후회도 없이 우리를 사랑하는 자들에게 둘러싸여 평안히 죽음을 맞이할 수 있을까?

이제 그 모든 것들은 우리가 사는 동안 숨 쉬며 들이마셔야 하는 오염된 공기임을 깨달아야 한다. 이것은 매우 세속적인 삶이다. 한 발만 양보해도 우리를 천리 밖으로 끌고 갈 것이다. 달리 표현하면, 어떤 관계에서라도 이러한 삶을 허용하면 급속히 퍼지는 암과 같이 모든 관계를 파멸시키고 말 것이다.

하나님의 나라에서도, 사람들이 원하지 않는 무엇인가를 시키려고 그들과의 관계 가운데 권력을 이용할 때 나는 교만함에 빠져들게 된다.[34] 사랑과 권력은 정반대의 위치에 있

---

34) 예외가 있는데 특히 양육의 관계가 그렇다. 때때로 아버지는 자녀가 원하지 않더라도 그들이 무엇인가를 하도록 시킨다(예를 들어 야채를 먹게 하는 것). 그러나 그것은 아버지 자신의 필요나 유익을 위해서가 아니라 자녀의 유익을 위해서 그렇게 한다. 교만은 내가 원하는 것에 초점을 맞춘다. 반면 겸손함은 자신이나 타인을 위한 것일지라도 하나님이 원하시는 것에 관심을 가진다. 심지어 양육의 관계라 할지라도 자녀의 의지와 반대되는 일을 시키는 것은 어떤 상황에서든지 최후의 수단이 되어야 한다.

기 때문에 당신은 사랑과 권력을 동시에 표현할 수 없다.

에리히 프롬은 "권력에 대한 욕심은 강함이 아니라 연약함으로부터 나온다."고 하였다.[35] 역설적으로 우리가 연약함을 느낄수록, 자신을 보호하기 위하여 더 강해지기를 갈망한다. 그러므로 피조물로서 우리 스스로를 겸손히 낮추고 우리의 한계를 인정한다면, 우리의 교만에 대해서도 역시 겸손히 받아들여야 한다. 그렇지 않으면 자신을 보호하기 위해 세상의 권력을 찾게 될 것이며, 하나님과의 관계에 대한 의존성을 높이려고 우리를 연약하게 하신 목적마저 놓치게 될 것이다.

내가 관계 가운데 권력과 통제에 집착하고 있다는 것을 어떻게 알 수 있을까?

- 나는 내 의견에 반대하거나 교정받기를 싫어한다.
- 나는 타인의 감정에 무감각하다.
- 나는 관계에서 내가 줄 수 있는 것보다 얻을 수 있는 것에 더 관심이 있다.
- 나는 신체적, 감정적, 영적 또는 심리적 장악을 통해 관계를 유지한다.
- 나는 내 선택에 있어서 타인을 고려하지 않는다. 내 말이

---

35) Erich Fromm, The Art of Loving (사랑의 기술) (New York: Harper Perennial, 2006)

곧 법이다.
- 나는 내 연약함이나 감정을 드러내지 않는다.
- 나는 내 의도를 계속 감추고 나에게 유익을 주는 정보만 이용한다.

교만으로부터 시작된 모든 종류의 학대는 이 한 가지 영역에서 발전할 것이다. 그러므로 매우 신중하게, 가장 강력한 뿌리를 제거해야 한다. 권력에 대해 우리 자신을 겸손히 낮춘다는 것은 우리가 근본적으로 관계에 접근하는 방식을 바꾼다는 것을 의미한다. 그리고 그 첫 번째 단계는 우리가 힘을 이용하여 짓밟아버린 관계에 대해 용서를 구하는 것이다.

우리는 경쟁적이다. 우리 삶에서 나타나는 교만의 또 다른 얼굴은 경쟁심이다.

나는 우리 가족으로부터 이러한 고통을 지켜보았다. 아버지는 9남1녀 중 막내였다. 할아버지와 할머니는 1930년대 심각한 가뭄으로 피해를 입은 오클라호마를 떠나 그들이 가진 모든 것을 구형 포드 자동차에 싣고 서부로 향했다. 생존을 위한 그들의 투쟁은 형제들 사이에 경쟁적인 환경을 조성했다. 아버지 역시 그런 상황에서 공부와 스포츠를 통해 자신이 특별한 사람인 것을 증명해야 했다. 아버지는 UCLA에서 박사학위를 취득했고, 형들과 세상에 그가 대단한 사람임을 증명했다. 내가 어렸을 적에 삼촌들이 소프트볼, 축구, 골프, 달리기와 같은 스포츠와 누가 무엇을 할 수 있는지 서로 이야기 하던 것을 기억한다. 삼촌들은 누가 강한지, 누가 최고인지 증명하기 위해 늘 서로 경쟁했다.

지난 몇 달간 교만에 대한 이러한 관점이 얼마나 은밀하며 파괴적인지 새로운 깨달음이 있었다. 나는 하나님과의 관계에서 이유를 알 수 없는 어려움을 겪고 있었는데 친구들과 이것에 대해 이야기하면서 내가 나의 가족들과 경쟁과 증명 그리고 성취하는 것으로 관계하듯이 하나님과도 그런 관계를 갖고 있다는 것을 알게 되었다. 나는 많은 것들에 대해 잘못 믿고 있었다. **내가 무엇인가 성취하지 못하면 하나님은 나를 사용하지 않을 거야. 내가 하는 일에 따라 나는 평가를 받게 될 거야. 하나님은 단지 그분이 원하는 것을 이루기 위해 나를 이용하는 것일 뿐 나에게 무엇이 가장 좋은 것인지는 관심이 없을 거야.**

이것이 얼마나 내 마음 깊이 뿌리 내리고 있었는지 알게 되면서 큰 충격을 받았다. 나는 문제를 발견했고, 내가 무엇 때문에 갈등하고 있었는지 그 이유를 알게 되었다. 나는 하나님에 대한 잘못된 생각을 가지고 살고 있었고, 그것을 바로 잡기 위해 도움이 필요했다.

도전과 경쟁은 전혀 다르다.
도전은 사람들의 다양한 은사와 능력 위에 세워지는 것으로, 더 많이 나누거나 더 발전하도록 우리를 자극한다.

'승자 독식'과는 전혀 다르다. 경쟁은 오로지 승리함으로써 나의 관계가 결정된다고 말한다. 내가 승리해야만 좋은 관계를 맺을 수 있다는 것이다. 그것은 너무 뻔한 거짓말이다. 실제로 경쟁적인 두 사람이 관계를 맺으려 한다면 어떤 일이 벌어질까? 당연히 진정한 관계가 성립될 수 없다. C. S. 루이스는 이렇게 말했다.

> 각 사람의 교만은 결코 서로 동의할 수 없는 각자만의 교만함으로 경쟁하는 가운데 드러난다.… 다른 악행들도 경쟁적이라고 말할 수 있겠지만 교만은 그 자체가 본질적으로 경쟁적이다. 교만은 무엇을 소유함으로써 만족을 누리는 것이 아니라 옆에 있는 사람보다 더 많이 가져야만 만족을 얻게 된다. 우리는 사람들이 부자가 되거나, 영리하거나 또는 잘 생긴 것을 자랑스러워한다고 말하지만 그들은 그렇지 않다. 그들은 다른 사람보다 더 부자이거나 똑똑하거나 잘 생긴 것을 자랑스러워하는 것이다. 만약 모든 사람이 동일하게 부자가 되고, 똑똑하고, 잘 생겼다면 아무 것도 자랑할 것이 없을 것이다. 다른 사람보다 위에 있다는 쾌감이 비교하게 하고, 당신을 교만하게 만든다.…
>
> 권력은 교만이 정말로 즐기고 있는 것이다. 다른 사람들을 장난감 병정처럼 내 마음대로 움직일 수 있다는 것에 대해 자신을 매우 우월한 존재로 여긴다. 만약 내가 우월한 사람이고, 이 세상에서 단 한 사람만이라도 나보다 강하거나, 부자이거나, 영리하다면 그는 나의 경쟁자이며 적이 된다.…
>
> 하나님 안에서 당신은 당신 자신 보다 모든 면에서 비교할 수

없을 만큼 뛰어난 분을 알게 될 것이다. 하나님이 그런 분인 줄 모르고 당신이 누구와도 비교할 수 없는 사람이라고 생각한다면, 당신은 하나님에 대해 전혀 알지 못하는 것이다. 당신이 자만에 빠져있는 동안에는 하나님에 대해 알 수 없다.… 교만한 사람은 언제나 사람들을 내려다본다. 당연히 당신이 내려다보고 있는 동안에는 위에 무엇이 있는지 알 수 없을 것이다.…[36]

우리는 완고하다. 물론 우리는 이미 우리가 선택한 결정에 따라 무너지고 말았다. 죄는 우리를 무너뜨렸고, 그것이 현실이다. 그런데 과연 우리는 그것을 인정하고 있는가? 우리는 범죄하였을 때 그것을 무시하거나 부정하는가? 아니면 우리가 한 일에 대해 인정하는가? 우리도 주변에 있는 사람들과 마찬가지로 용서가 필요하다는 것을 알고 있는가? 또는 우리의 연약함을 감추고 싶은 거짓된 마음에 귀 기울이는가?

나는 지난 8년 동안 태권도를 배웠다. 어느 날 저녁, 보호장비를 착용하고 스파링을 하는데 17살의 깡마른 상대가 내게 별것도 아닌 주먹을 날렸다. 순간 화가 치밀어 올랐다. **한번 싸워보겠다는 거야? 어디 덤벼봐.** 나는 생각했던 대로 되갚아주었다. 그것은 불과 몇 분이 걸리지 않았다. 나는 기분이 좋아졌고 내 화도 가라앉았다. 그리고 바로 나의 대응이 적절했는지 생각했다.

---

[36] C. S. Lewis, Mere Christianity (순전한 기독교)

마음이 진정된 후 내가 너무 폭력적이었던 것에 대해 사과했지만 그 젊은 친구는 몇 주 후에 수업을 그만두었다. **주님, 저는 여전히 완고합니다.** 나는 깨달았다. 누군가 나를 자극하면 나는 위협을 당한다고 여긴다. 그리고 내가 해결할 수 있음을 보여 주려고 한다. 나는 어린 친구보다 나음을 증명해 보이려 했다. 결국 나는 교만을 선택했고, 젊은 친구는 그 대가를 치렀다.

깨어진 사람은 위대한 능력자의 종이다. 깨어진 사람은 높아지려는 개인적인 욕망을 붙들지 않는다. 그는 무엇을 증명하기 위해 자신을 보호할 필요가 없다. 깨어진 사람은 넘어지는 것을 두려워하지 않는다. 그는 이미 그 고통을 경험했고 그것이 자신에게 아무런 해도 되지 않음을 알고 있다. 그는 다른 사람들이 그것을 안다 해도 개의치 않는다. 왜냐하면 깨어짐 속에서 하나님의 풍요로움을 발견하기 때문이다.

폴 빌하이머는 깨어짐에 대해 이렇게 설명했다.

하나님과 사람에 대하여 분함과 저항심이 없어질 때까지는 깨어진 것이 아니다. 분개하거나 공격을 취하고 비판이나 반대 의견에 보복하는 사람, 자기애가 부족한 사람은 완고한 사람이다. 모든 자기 정당화나 자기 방어는 완고한 영혼에게 팔아넘기는 것이다.

신의 섭리가 개입된 환경이나 상황에 대해 불평과 짜증으로 반응하는 것도 완고함을 드러내는 것이다. 진실한 깨어짐은 여러 해 동안 참담함과 심적인 고통, 슬픔을 견디며 이루어진다. 그렇게 우리의 아집이 꺾이고, 양보와 굴복이 심도 있게 개발되는데, 이런 과정이 없이는 하나님의 아가페 사랑도 거의 기대할 수 없다.[37]

우리는 인간에 대한 두려움을 안고 살아간다. 이것은 교만의 가장 교묘하고 기만적인 측면 가운데 하나이다. 이 맥락에서의 **두려움**은 겁먹은 동물에 대한 것이 아니라 숭배, 경외심, 존경, 영예와 더 관련이 있다. 누가 당신의 청중인가? 누군가의 관심과 박수를 받기 원하는 사람이 바로 그 누군가를 기쁘게 하려고 애쓴다는 것은 단순한 진리이다. 그러나, 우리가 하나님보다 사람들의 관심을 더 소중히 여긴다면 인간에 대한 두려움이 우리를 규정하고 이끌어갈 것이라고 단언할 수 있다.

나는 자녀들이 착하고 올바른 행동을 하기 원하는 기독교 가정에서 자랐다. 사람들을 기쁘게 하려고 열심히 노력했고, **정말로** 나쁜 일은 하지 않았기 때문에 스스로도 착한 아이라고 생각했다.

나는 수면 밑에서 실제로 어떤 일이 일어나고 있는지 정말 이해하지 못했다. 교만함과 사람에 대한 두려움이 나를

---

37) Paul Billheimer, Destined for the Throne (보좌를 향하여), (Minneapolis, MN: Bethany House Publishers, 2005)

파괴하고 있었다. 나의 내면에서 정말로 일어난 일에 대해 정직하지 않았고 다른 사람들에 대해서도 진실하지 않았다. 나는 그것들을 무시하고 모든 사람들의 마음에 들기 위해 노력했다. 나의 어떤 연약함도 용납하지 않았으며, 아버지를 기쁘게 하기 위해 경쟁했다.

나는 사회적으로 용인되는 방식에 맞추려고 했다. 나를 안전하게 할 수 있는 일이라면 무엇이든 했다. 그렇지만 인간에 대한 두려움으로 나 자신을 소모하고 있었다. 사람들이 나를 좋아하면 괜찮다고 여겼지만, 사람들이 나를 좋아하지 않으면 괜찮지 않았다.

사울 왕도 이와 비슷하게 행동했다. 하나님은 선지자 사무엘을 통해 아말렉 족속을 치라고 분명히 말했다. 그들은 자주 이스라엘을 침범하고 임신한 여인의 배를 가르기도 했다. 하나님은 그들의 죄를 충분히 참고 있었다. 사울은 그들을 심판하는 하나님의 도구가 되어 그들을 완전히 멸망시켜야 했다. 그러나 사울은 가장 좋은 짐승들을 산 채로 남겨두고 그들의 왕도 죽이지 않았다. 사무엘이 사울을 대면하였을 때 그는 대답했다.

"내가 죄를 지었습니다. 주의 명령과 예언자께서 하신 말씀을 어겼습니다. 내가 군인들을 두려워하여 그들이 하자는 대로 했습니다. 제발 나의 죄를 용서해 주시고, 나와 함께 가셔서 내가 주께 경배할 수 있도록 해주시기 바랍니다."

사무엘이 사울에게 대답했다. "나는 함께 돌아가지 않겠소. 그대가 주의 말씀을 버리셨기 때문에, 주께서도 이미 그대를 버리셔서, 그대가 더 이상 이스라엘을 다스리는 왕으로 있을 수 없도록 하셨소."

사무엘이 거기서 떠나려고 돌아설 때에 사울이 그의 겉옷을 붙잡는 바람에 옷자락이 찢어졌다. 사무엘이 그에게 말했다.

"주께서 오늘 이스라엘 나라를 그대에게서 빼앗아, 이 옷자락처럼 찢어서 그대보다 더 나은 다른 사람에게 주셨소. 이스라엘의 영광이신 하나님은 거짓말도 안 하시거니와 뜻을 바꾸지도 않으십니다. 하나님은 사람이 아니십니다. 그러므로 하나님은 뜻을 바꾸지 않으십니다."

사울이 간청했다.
"내가 죄를 지었습니다. 그러나 나의 백성 이스라엘과 백성의 장로들 앞에서, 제발 나의 체면을 세워 주시기 바랍니다. 나와 함께 가셔서, 내가 예언자께서 섬기는 주 하나님께 경배할 수 있도록 하여 주십시오."[38]

사울은 비록 죄를 인정했지만 잘못을 회개하기보다 여전히 사람들 앞에서 자신의 존재와 체면에 더 관심을 가졌다.

---

38) 사무엘상 15:24-30

하나님은 사울에게서 나라를 빼앗을 것이라 선포했는데도 그는 여전히 사람들 앞에서 영예를 얻고자 했다. 사울은 하나님보다 사람들과 사람들의 평판을 더 두려워했다.

하나님은 이스라엘에게 물었다.

"죽은 인간을 두려워하며, 한갓 풀에 지나지 않는 사람의 아들을 두려워하는 너는 누구냐? 너희는 잊었다. 너희를 지으신 하나님, 하늘을 펴시고 땅을 세우신 주님을 잊었다."[39]

그들은 하나님에 대한 경외함을 잃어버리고 사람들의 생각에 사로잡혔다. 우리는 각 세대마다 이와 동일한 갈등을 겪고 있다. 예수님은 당시의 종교 지도자들에게 말했다.

"너희는 사람 앞에서 스스로를 의롭다고 하는 자들이다. 그러나 하나님께서는 너희의 마음을 아신다. 사람들이 높이 평가하는 그것은 하나님이 보시기에 혐오스러운 것이다."[40]
"너희는 기도할 때에, 위선자들처럼 하지 말라. 그들은 사람에게 보이려고 회당과 큰길 모퉁이에 서서 기도하기를 좋아한다. 내가 진정으로 너희에게 말한다. 그들은 자기네 상을 이미 다 받았다."[41]

---

39) 이사야 51:12-13
40) 누가복음 16:15
41) 마태복음 6:5

"그들이 하는 행실은 모두 사람들에게 보이려고 하는 것이다. 그들은 경문 띠를 넓게 만들어서 차고 다니고, 옷술을 길게 늘어뜨린다."[42]

"율법학자들과 바리새파 사람들아, 위선자들아, 너희에게 화가 있다! 너희가 회칠한 무덤과 같기 때문이다. 그것은 겉으로는 아름답게 보이지만, 그 안에는 죽은 사람의 뼈와 온갖 더러운 것이 가득하다."[43]

우리는 진리를 거부하고 무지함을 선택했다. 스캇 펙은 우리의 문제점을 설명하기 위해 "호전적 무지"라는 용어를 사용했다.[44] 나는 이 말이 정말 적합하다고 생각한다. 문제는 우리가 진리를 모른다는 것이 아니라 진리를 알기 원하지 않는다는 사실이다. 우리는 우리의 기분을 망치거나, 스타일을 구기거나, 죄책감이 들게 하는 어떤 것도 용납하지 못하도록 경계를 늦추지 않는다.

교만이 원하는 것은 무엇이 진실이고 사실인지 통제하는 것을 계속하여 관리하는 것이다. 그 통제권을 누군가에게 넘긴다는 것은 우리를 불안하게 만든다. 그래서 교만은 통제권을 지키기 위해 의도적이며 호전적 무지와 같은 불신의 도구를 이용한다. 그리고 이렇게 말한다.

---

42) 마태복음 23:5
43) 마태복음 23:27
44) M. Scott Peck, People of the Lie: The Hope for Healing Human Evil (거짓의 사람들: 악한 인간의 치유를 위한 소망) (New York: Touchstone, 1998).

"무엇이 진실이고 실제인지는 내가 판단할 거야. 내가 원하지 않는다면 그렇게 될 수 없어."

당신이 옳다고 알고 있는 것에 순종하기를 거부할수록 더 큰 불신이 자라난다. 왜냐하면 당신이 선택한 삶을 정당화해야 하기 때문이다. 성경은 우리 마음 속의 교만이 우리를 속이고 있다고 말한다.[45] 이러한 호전적 무지는 우리를 빛 가운데서 멀어지게 함으로써 우리의 관계를 파괴한다. 좋거나 나쁜 우리의 모든 삶에 빛이 비추도록 하는 대신 우리는 단지 원하는 것만 들으려 한다. 우리가 생각하는 실제에 대한 형상에 적합하지 않은 것은 그 어떤 것이라도 보고 듣거나 받아들이려 하지 않는다.

우리는 권위를 찾기만 할 뿐 복종하지 않는다. 권위를 행사하기 위해서는 두 가지 조건이 있다. 첫째, 당신은 무엇을 해야 할지 알 만큼 충분히 현명하거나 위대한 사람이어야 한다. 둘째, **자신이 어떤 비용을 지불하더라도** 그런 기질을 갖추어야만 한다.

교만은 다른 어떤 권위에 대해서도 부정하고 오로지 자신만이 권위를 행사하는 자가 되기를 고집한다. 누군가의 권위 아래 있지 못하는 사람은 불행하게도 권위를 올바르게 사용

---

[45] 예레미야 49:16, 오바댜 1:3

할 수 있다고 절대 신뢰할 수 없는 사람이다. 교만은 어느 누구도 자신에게 무엇을 하라고 지시하는 것을 싫어한다. 그래서 교만한 사람은 항상 자신의 권위자와 갈등을 일으킨다. 또, 교만은 다른 누군가가 자신에게 무엇이 최선의 것인지 결정 짓게 할 수 있다는 생각을 증오한다. 결국 자신들이 가장 잘 알고 있다고 자기주장을 통해 말하고 있는 것이다.

올바른 권위를 구별하는 중요한 열쇠는 바로 우리를 어떻게 정의하는가에 달려 있다. 우리 모두가 스스로 존재한다면 우리의 권위를 주장할 수 있고, 살아가면서 모든 것을 잊어도 상관없다. 하지만 만약 누군가가 우리를 창조했고, 그 창조자가 이 세상을 움직이는 것에 대해 누구보다 잘 알고 있으며(하나님이 욥에게 대답한 것을 기억하는가?), 우리 삶의 처음과 마지막을 알고 있다면 절대적 권위는 그 창조자에게 속한 것이다.

오만은 인생에서 가장 중요한 것이 바로, 지금, 당장의 만족과 안전이라고 말한다. 하지만 겸손은 현실과 관계, 진실함을 희생하고 얻은 일시적인 만족과 안전은 가치가 없으며, 쾌락을 추구하는 것을 포기하고 하나님을 신뢰하라고 말한다. 오직 하나님 한 분만이 어떤 일이 일어나야 할지 알고 있는 충분히 지혜롭고 위대한 분이며, 모든 자들의 유익을 위해 일하기에 충분히 선한 분이다.

우리는 자기 예찬에 빠져 있다. 대부분의 사람들은 이것이 교만의 한 측면이라는 것을 알고 있다. 사실상 많은 사람들이 교만과 자기 예찬이 동일한 것이라고 생각하고 있지만 실제로 자기 예찬은 교만의 여러 증상 중의 하나일 뿐이다. 자기 예찬은 우리 스스로 삶을 더 가치 있게 할 수 있도록 – 어떻게 우리의 중요성을 높이고 사람들로부터 존경과 사랑을 얻을 수 있는지 – 선택할 수 있다는 것을 함축하고 있다.

이 세상에서 타락과 죄의 영향으로 우리는 자신의 가치에 대해 고민한다. 우리가 정직할 때, 우리는 잘못된 길을 선택했고, 문제 가운데 있다는 것을 알게 된다. 우리는 사랑받을 만한 가치가 없다는 것도 안다. 그러나 교만하면 우리가 간절히 원하는 사랑과 가치를 스스로 다시 찾을 수 있다는 것을 증명하려고 한다.

나는 교육을 통해 사랑과 가치를 얻으려고 노력했다. 몇 년간 대학에 다니면서 멍청하게 행동하는 법을 배웠다. 하나님은 내 마음을 사로잡았고 나는 거의 10년간 아시아와 태평양 지역에서 선교 사역에 참여했다.

그후 집으로 돌아와 변화된 마음으로 졸업한 지 10년 만에 박사과정을 위해 다시 학교에 갔고, 마침내 하나님을 위해 학위를 취득했다. 그럼에도 불구하고 공부를 마친 후 무엇인가 추악한 일이 시작되었다. 사람들과 대화를 하는 동안 내가 박사학위가 있다는 것을 밝히기 위하여 창의적이면서도 난해한 방법을 찾게 되었다. **도대체 내가 왜 이러는 거지?** 자문해보다가 곧바로 그것을 정당화했다. **이 사람들이**

그것을 알고 있어야 나를 어떻게 대할지 도움이 될 거야.

그럼에도 충동은 계속 자라났고, 곧 나에게 귀 기울이는 사람은 누구든지 나의 교육적 성취에 대해 얘기하게 되었다. 결국 나는 자포자기하고 하나님께 돌아가 그 분의 도움을 구했다. 내 학위에 대해 사람들 앞에서 자랑하고 싶어하는 내면의 소리는 점점 더 통제하기 어려워졌다.

하나님께서 말씀했다.
"매트, 나에게 가져오렴."
이제 영적 거인이 된 나는 생각했다.
"그건 안 되죠. 하나님께서는 이 학위가 필요 없잖아요. 내가 학위를 받기 위해 얼마나 고생했는데요. 하나님 이름 앞에 학위가 있다한들 무슨 소용이 있겠어요. **박사학위는 내게 필요하다니까요.**"

하나님께 저항해보았지만 나는 알고 있었다. 하나님이 다시는 학위를 내 자신을 높이는 데 이용하지 못하도록 그분께 가지고 나올 것을 요청하고 있다는 사실을. 학위는 더 이상 나의 것이 아니라 그분의 것이었다.

C. S. 루이스는 이렇게 말했다.

교만이 주는 기쁨은 마치 가려운 곳을 긁으며 얻는 만족감과 같다. 가려운 곳이 있으면 긁어주기를 원하겠지만, 가려운 곳도 없고 긁적일 필요도 없다면 훨씬 더 나을 것이다. 우리가 자존심이라는 가려운 곳을 가지고 있는 동안에는 자화자찬이라는 기쁨을 언제나 원하게 된다. 그러나 가장 행복한 순간은 소중한 자신에 대해 잊거나, 아무것도 가지고 있지 않지만 그 대신에 다른 모든 것(하나님, 친구, 동물, 세상)을 가지고 있을 때이다.[46]

우리는 외적인 것에만 관심을 갖는다. 하나님은 언제든지 내면에서부터 일한다. 그분은 먼저 각 사람의 마음을 얻기를 원하고, 점차 그 마음이 그분의 자녀다운 생각과 행동으로 변화되어 드러나기를 원한다.

그렇지만 교만은 그 반대이다. 교만은 언제나 외적으로 드러나는 이미지나 행동에 초점을 맞춘다. 왜냐하면 우리가 쉽게 관리할 수 있을 뿐더러 다른 사람들에게 보여지기 때문이다. 만약 아무도 우리에게 관심이 없다면 우리가 바른 태도와 좋은 행동을 해야 할 이유가 없지 않겠는가? 교만은 오로지 다른 사람들의 관심과 주목을 받기 원한다(사람에 대한 두려움이다). 반대로 예수님은 "왼손이 하는 일을 오른손이 모르게 하라."고 가르쳤다.

바울은 고린도교회에 쓰는 편지에서 "속에는 자랑할 것

---

[46] C. S. Lewis, Letters of C. S. Lewis, ed. W. H. Lewis (New York: Harcourt, Brace & World, Inc., 1966)

이 없으면서도 겉으로만 자랑하는 사람들"[47]에 대해 말하고 있다. 성경에서도 하나님은 사람들의 외모가 아니라 진실된 마음을 찾는다고 반복하고 있다.

"지금이라도 너희는 진심으로 회개하여라. 나 주가 말한다. 금식하고 통곡하고 슬퍼하면서 나에게로 돌아오너라. 옷을 찢지 말고 마음을 찢어라."[48]

이렇게 마음이 드러나는 것은 교만이 끔찍이 싫어하는 것이다. 그러나 하나님의 권위 아래서 우리는 자기 예찬이 주는 안정감 없이도 연약해지고 힘이 없는 존재임을 드러내게 된다.

우리는 만족스러워 한다. 이스라엘이 약속의 땅에 들어갈 때, 하나님은 그들에게 명확히 경고했다.

"너희가 배불리 먹으며 좋은 집을 짓고 거기에서 살지라도, 또 너희의 소와 양이 번성하고 은과 금이 많아져서 너희의 재산이 늘어날지라도, 혹시라도 교만한 마음이 생겨서, 너희를 이집트 땅 종살이하던 집에서 이끌어 내신 주 너희의 하나님을 잊어버리는 일이 없도록 하여라."[49]

호세아도 나중에 이것에 대해 적고 있다. "그들을 잘 먹였

---

47) 고린도후서 5:12
48) 요엘 2:12-13
49) 신명기 8:12-14

더니 먹는 대로 배가 불렀고, 배가 부를수록 마음이 교만해지더니, 마침내 나를 잊었다."[50]

안락함과 만족에 이르렀을 때 깨어진 우리 안에서는 교만한 마음이 일어나고, 우리가 모든 것을 이루었다는 자기 정당화의 생각이 간절해진다. 우리의 힘과 지혜로 여기까지 왔다는 확신을 갖게 되고, 자기 예찬을 위해 그것을 이용한다. **나는 좋은 사람이야; 나는 사랑받아 마땅해; 나에겐 힘이 있어; 나는 중요한 사람이야.** 우리가 두려워해야 할 것은 실패가 아니라 성공이다.

놀랍게도 성경은 이러한 교만이 소돔의 주요한 죄였다고 말한다.

"네 동생 소돔의 죄악은 이러하다. 소돔과 그의 딸들은 교만하였다. 또 양식이 많아서 배부르고 한가하여 평안하게 살면서도 가난하고 궁핍한 사람들의 손을 붙잡아 주지 않았다."[51]

소돔의 이야기를 통해 볼 수 있듯이 그들의 죄는 우리가 간과했던 교만의 이런 영역에서 시작됐다.

---

50) 호세아 13:6
51) 에스겔 16:49

요약

 우리가 하나님의 은혜를 원한다면 겸손히 낮아져야 하는 것은 선택사항이 아니다. 우리가 무엇을 하더라도 우리는 겸손의 근처에도 닿지 못할 것이다. 그러나 당신이 이 땅에서 겸손히 행한 만큼 심판의 때에 부끄럽지 않을 것이며, 당신이 이곳에서 겸손하지 않은 만큼 심판의 때에 부끄럼을 당하게 될 것이다. 감사하게도 하나님은 오만함으로 우리 위에 군림하거나 우리가 굽실거리도록 요구하지 않는다. 겸손의 진수인 그분은 이곳에 내려와 우리와 함께 걸으며 우리가 어떻게 그분의 가르침을 따라야 하는지 보여주고, 그분과 함께 하도록 우리를 초대한다.

 당신이 다른 사람들과 진밀하게 지내고 있지 못하거나, 당신의 습관이나 행동에서 시기, 질투, 불화, 분노, 경쟁, 권력, 통제, 완고함, 사람에 대한 두려움 같은 것을 경험하고 있다면 이제 당신의 삶에서 작동하고 있는 교만의 뿌리를 찾을 수 있도록 기도해야 할 때이다. 당신이 회개하고 깨어지며, 마음과 사고의 틀을 바꿀 수 있도록 하나님의 은혜를 구하라. 전능하신 하나님 앞에서 자신을 겸손히 낮추고 생명을 선택하라. 예수님을 당신의 모델로 삼으라.

 그럼 이 일들을 어떻게 해야 할까?
• 당신의 삶에서 교만함이 있는 영역을 찾아 목록을 작성

하라.
- 당신의 교만으로 영향을 미쳤던 사람들의 목록을 작성하라.
- 그들에게 찾아가서 용서를 구하라.
- 당신의 삶에서 교만함이 보일 때, 당신에게 말해 줄 것을 그들에게 요청하라.
- 새로운 삶의 방식에 대한 실천을 시작하라.

몇 해 전 에딘버러대학교의 기독교인 교수였던 스튜어트 블랙키는 학생들의 음독(音讀)을 이끌어가고 있었다. 한 학생이 일어나 낭독을 시작했다. 그는 공식적인 방식인 오른손으로 책을 드는 대신 왼손에 책을 들고 있었다. 교수는 "책을 당장 오른손으로 바로 잡고 자리에 앉아!"하고 소리쳤다.

그의 가혹한 질책이 강의실에 울려 퍼졌다. 그 학생은 조용히 오른팔을 들어 올렸는데 그의 오른손이 없었다.

블랙키 교수는 잠시 머뭇거렸다. 그는 강단을 떠나 학생들 사이로 걸어가서 그 학생에게 다가가 그에게 팔을 두르고 울기 시작했다. 그가 눈물을 흘리며 말했다.

"내가 전혀 모르고 있었네. 나를 용서해 주겠나?"

그 젊은이가 후에 이렇게 증언했다.
"블랙키 교수님은 저를 그리스도께 인도해주셨습니다. 만약 그분이 잘못된 선택을 하지 않으셨다면 결코 일어나지 않았을 일이었죠."[52]

이제 잠시 당신의 삶과 일로부터 뒤로 물러서서 하나님의 역사하심에 대한 큰 관점으로 당신이 살아온 삶을 돌아보아야 할 시간이다. 다른 사람들과 마찬가지로 당신은 과거에 잘못된 선택을 했다. 그러나 이제 때가 되었다. 당신이 망쳐버린 것들을 확인한다면 당신은 무엇을 하겠는가?

---

52) 출처 미상

제 4장
모세와 그가 망쳐버린 것들

제 4장
모세와 그가 망쳐버린 것들

 모세는 벽에 기대어 서서 도시를 내려다보며 그 광기(狂氣)를 지켜보았다. 곳곳에서 건축물들이 세워지고 있었다. 사람들은 모래와 돌들을 바구니에 담아 옮기느라 정신이 없었다. 길게 늘어선 노예들은 긴 밧줄로 거대한 돌덩이를 끌어당기고 있었고, 한편에서는 건물의 계단에 줄을 서서 건축 자재들을 위로 전달했다. 고된 노동에 시달리는 노예들 사이로 채찍을 들고 있는 사람들이 그들을 유심히 지켜보고 있었다. 이따금씩 채찍 소리와 함께 잘못을 저지른 노예들의 비명소리가 허공을 찔렀다. 채찍은 그들을 재빨리 제자리로 돌려놓았다.

 그 광경을 지켜보던 모세는 내면으로부터 깊은 고민에 빠졌다. *히브리 어머니에게서 태어나 돌봄을 받고, 바로의 아들로 입양되어 이집트 최고의 학교에서 교육을 받은 나는 그들의 언어와 문화, 지식과 경험들을 갖고 있지. 그런데 나에게는 또 다른 심장과 그들을 이해하는 마음이 있는 것 같아.*
 채찍 소리가 그를 흔들어 놓았다. **나는 이집트 사람인가? 위대한 도시와 문명을 세우기 위해 저 가치 없는 노예들에**

게 매질을 하고 있는 자들이 내 동족인가? 아니면 나는 히브리 사람인가? 자신들의 영광을 위하여 이용하고, 죽음으로 내몰고 있는 부당한 정부에 억압받고 있는 자들이 나의 동족인가? 그는 스스로 반복해서 같은 질문을 던져보았지만 답을 찾을 수 없었다. 어떤 선택도 할 수 없는 것이 맞는 것 같았다. 서서히 그의 입술에서 기도가 흘러 나왔다.

"창조주여. 바른 선택을 할 수 있도록, 제가 누구인지 보여주소서."

・・・

"이 도시를 세우는데 얼마나 많은 히브리인들이 필요할까?" 이집트 지휘관이 물었다.

"잘 모르겠습니다." 히브리 노예가 대답했다.

"여기에 있는 놈들 말고 하나면 충분할 것 같은데!" 그는 채찍을 들어 앞에 있는 히브리 노예를 때리기 시작했다. "쉬지 말고 어서 일해! 이 게으르고 비천한 짐승 같은 놈아!"

채찍을 내려치자 그 노예는 지휘관에게 침을 뱉었다.

모세는 곁에 서서 두려움 가운데 지켜보았다. **저렇게 맞는 사람이 나였을 수도 있어.** 짧은 순간 그가 받은 교육과 어린 시절보다 더 깊은 무엇이 그 안에서 올라왔다. 그가 찾고 있었지만 한편으로는 두려웠던 감정이었다. 곧이어 그는 자신이 하나님의 형상으로 만들어졌다는 것을 깨달았다. 그는 그의 백성을 구하기 위해 자신의 힘과 지위를 사용할 수 있었다.

그 땅에 있는 노예들과 모세 사이에 단 하나의 차이점은 모세의 선택에는 힘이 따라온다는 것이었다. 그가 말만 하면 모든 것이 이루어졌다. 원하는 것은 무엇이라도 선택할 수 있다는 사실을 통해 모세는 자신이 어떤 사람인지 설명할 수 있었다. 반대로 노예들이 입을 벌린다면 그건 그저 매를 버는 행동일 뿐이었다.

모세는 주위를 둘러보았다. 주변에 다른 이집트인들이 보이지 않았다. 그는 이집트 지휘관에게 달려가 채찍을 빼앗아 때리기 시작했다. 지휘관은 바닥에 쓰러졌다. 모세의 모든 분노와 격분이 그에게서 흘러나오는 듯 했다. 모세가 들었던 모든 조롱과 채찍 소리가 땅바닥에 쓰러진 지휘관에게 폭발하듯 퍼부어졌다. 잠시 후 정신을 차리고 보니 지휘관이 죽은 채 눈앞에 누워 있었다.

모세는 서둘러 시체를 끌어다 모래 속에 묻어 버렸다. 그 광경을 아무도 보지 못했을 것이라고 그는 확신했다. 그리고 그는 매를 맞던 히브리 노예를 돌아보고 고개를 끄덕여 인사를 하고는 그 자리를 떠났다. 모든 것이 끝이 났다. 그는 자신이 히브리 사람임을 선택했다.

다음날 모세는 몇 사람이 논쟁을 벌이고 있는 것을 들었다. 그는 싸움을 말리기 위해 다가섰고 그들은 모세를 향해 돌아섰다. 그중의 한 사람이 말했다.

"당신은 이집트 지휘관에게 했던 것처럼 우리도 죽일 셈이요?"

모세는 가만히 서서 그들을 바라보았다. 그 노예가 이야기를 퍼뜨린 것인가? 이제는 모두가 그가 한 일에 대해 알고 있었다.

그날 오후, 이집트 지휘관 한 명이 그를 잡으러 와서 말했다.
"모세여, 빨리 오시오. 바로께서 당신을 법원으로 출두할 것을 명하셨소."

모세는 미뭇거렸다. 그가 저지른 살인은 하나님과 그분의 백성들을 정당화하고 불의를 향한 그의 분노를 표출하는 것이었으며, 그들을 돕기 위해 모세가 처음으로 자각하여 결정한 행동이었다. 그는 고난 받는 이들을 돕기 위해 자신의 힘을 이용하여 독자적으로 이 일을 해결하려 했고, 그에 대한 대가를 치러야 했다. 만약 그가 법정에 서게 된다면 그가 가진 모든 권력들을 빼앗기고, 어쩌면 사형에 처해질 수도 있다는 것을 그는 알고 있었다.

모세는 뒤를 돌아보지도 않고 달리기 시작했다. 단 한 번의 선택으로 이렇게 모든 것을 망쳐버렸으니, 그것을 벗어나기 위해 또 다른 선택을 하는 것은 그리 어렵지 않았다. 그의 선택은 최대한 멀리 도망가는 것이었다.

•••

그렇다면 무엇을 선택할 수 있는가?

어떤 것이라도 선택 할 수 있다.

하나님은 말씀하심으로써 창조가 이루어지도록 했다. 그분이 "빛이 있으라" 말씀했고, 빛이 존재하게 되었다. 하나님은 혼돈 가운데 질서가 정해지도록 말씀했다. 날마다 하나님은 창조의 새로운 요소들이 존재하도록 말씀했다. 그분의 말씀이 이 세상을 창조한 것이다.

우리 주변에서 보고, 냄새 맡고, 맛보고, 듣고, 느낄 수 있는 모든 것들 – 우리를 제외하고 – 은 하나님이 말씀하심으로 존재하게 되었다. 성경에서 우리들에 대해 이야기할 때 "주 하나님이 땅의 흙으로 사람을 지으시고, 그의 코에 생명의 기운을 불어넣으시니 사람이 생명체가 되었다."[53]고 말하고 있다.

하나님은 우리를 존재하도록 말씀하지 않았다. 그분은 흙

---

53) 창세기 2:7

으로 사람의 외형을 빚고, 생명의 호흡을 불어넣었다.

숨을 들이마시고 잠시 참아보라.

몸속에 있는 공기는 당신이 무엇인가 시도해보기를 기다리고 있다. 당신은 무슨 단어를 만들어낼 것인가? 그것은 무엇을 의미하는가?

하나님은 우리를 그분의 형상을 따라 창조했다. 그분은 우리 안에 창조적인 능력을 갖도록 만들었다. 하나님은 당신의 생명의 호흡을 우리에게 주었고 그분과 함께 창조를 마무리 할 수 있는 자유도 허락했다. 무에서 유를 만들어낸, 하나님의 업적은 우리로서는 어림도 없는 일이다. 우리는 우리 안에 있는 그분의 말씀과 호흡으로부터 창조하는데, 무엇을 만들지 선택을 하고 나서 우리 안에 있는 하나님의 호흡으로 마무리 한다. 우리가 선택을 할 때 우리는 이전에 존재하지 않았던 무엇인가를 창조한다. 하나님의 생명의 호흡과 우리 의지의 힘으로, 그분이 창조했듯이, 우리도 자신만의 방식으로 창조하게 된다.

그러면, 우리의 선택이 생명을 주는 것인지 아니면 파괴적인 것인지 어떻게 결정되는가?

그것은 우리가 기쁨, 평화, 신실함, 친밀함, 선함, 사랑을 향해 나아가는가, 아니면 불순, 반목, 갈등, 질투, 분리, 증오를 향해 나아가는가에 달려 있다. 간단히 말해서 그 선택이 겸손함에서 비롯된 것인지, 교만함에서 비롯된 것인지에 달려 있다. 겸손히 행할 것인지 아니면 교만함으로 행할 것인지, 우리의 의지에 따라 우리가 생명을 창조하게 되거나 죽음을 창조하는 일이 결정된다.

선택은 우리의 몫이다.

・・・

마침내 모세가 달리기를 멈추고 천천히 걷기 시작했을 때 그의 마음속에서 검사인 그의 양심과 피고자인 자신의 목소리 사이에서 논쟁이 벌어졌다.

너는 사람을 살해했어. 너는 유죄야.

그는 단지 이집트 사람이었잖아. 모세가 답했다. 그도 전에 히브리 사람들을 많이 죽였어. 내가 끼어들지 않았다면 더 많은 사람이 죽었을 걸? 나는 구세주라고.

그의 양심이 더욱 거세게 압박했다. **너는 사람을 죽였어. 너는 화가 났고, 너의 불만을 그에게 퍼부은 거야. 그는 그의 백성을 보호하기 위해서 히브리인들을 때렸고, 너는 너의 동족들을 보호하기 위해 그를 때렸잖아. 너나 그 사람이나 똑같아.**

그의 마음이 이의를 제기했다. 나도 어쩔 수 없었어. 나는 내 백성을 도울 수 있는 힘 있는 자리에 있었고, 단지 그들을 도우려 했을 뿐이라고. 그렇게 해서 잘못된 일을 바로 잡았잖아.

너는 하나님의 율법을 어긴 사실을 합리화하려고 애쓰고 있어. 너는 살인죄를 범했어!

모세는 논쟁을 멈추고 생각에 빠졌다. 그는 더 이상 변명할 수 없음을 알았다. 그는 율법을 공부했고, 어떤 나라에서나 율법의 중대함을 알고 있었다. 나라의 힘은 엄중한 율법에 달려 있었다.

모세는 처음으로 내리쬐는 태양의 열기를 느꼈다. **이 사막… 하나님께서 살인자인 나를 죽음으로 벌하시려고 이곳으로 불러내신 거였군. 나는 나를 키워준 그들보다 나은 것이 하나도 없어. 하나님은 바로가 나를 향해 느끼는 것과 똑같이 나를 생각하실 거야. 나는 죽어 마땅해.** 그가 더 이상 걸을 필요가 있을까? 그는 어깨 너머로 주위를 둘러보았다. **어쩌면 지금 여기서 끝내야 할 것 같아. 저 태양이 속히 할 일을 끝내도록 하자. 태양이 나를 어쩌지 못한다면 하나님은 다른 것을 사용하실 거야.**

두려움이 다시 그를 사로잡았다. 그는 수그러들지 않는 열기 속에서 끝이 없을 것만 같은 사막을 바라보았다. 그는 더 이상 견딜 수 없었다. 숨을 곳을 찾아야 했다. 그는 열기와 바로와 하나님으로부터 숨어야 했다.

・・・

교만한 상태에서 죄책감이 생겼을 때 최악의 상황은 무엇일까?

아마도 당신이 느끼는 끔찍한 감정이 가장 최악의 상황이라고 생각할 수 있다. 죄책감은 마음의 평화와 기쁨을 앗아간다. 그것은 당신을 불안하게 하고, 사랑하는 능력을 앗아가고 증오와 불화로 대신하게 한다. 또한 당신을 숨도록 부추긴다.

이 모든 것이 사실이다. 이것들은 교만함을 품은 죄책감의 자연스러운 결과로 따라오는 것들이다. 그렇다고 가장 파괴적인 것은 아니다.

교만함에 둘러싸인 가장 파괴적인 죄책감의 결과는 하나님에 대한 우리의 이해를 왜곡하는 것이다.

당신은 '하나님에 대한 이해가 왜 그렇게 중요한 것이냐'고 물을 수도 있다.

A. W. 토저는 "우리가 하나님에 대해 생각할 때 우리 마

음에 떠오르는 것이 우리에게 가장 중요한 것이다."라고 했다. 그는 또 "우리는 영혼의 비밀스런 법칙을 따라 우리 내면의 하나님 형상으로 나아간다."라고 말했다. 이 형상이 우리를 하나님에게로 가까이 인도하거나 하나님으로부터 떼어놓기도 한다. 어떤 개인이나 그룹도 자신들의 하나님에 대한 이해를 넘어설 수는 없다.

경찰이 증인들에게 질문하고 있는 범죄현장을 상상해보라. 그중 한 사람이 실제로 살인을 저지른 사람을 보았다고 했고, 그래서 경찰은 화가를 불러왔다. 그 증인은 가해자에 대해 묘사하고 화가는 설명에 기초해서 그림을 그렸다. 사건 담당자들은 살인자를 추적하기 위해 이 그림을 사용할 텐데, 이 그림이 실제 인물에 가까울수록 범인은 찾기가 쉬워질 것이다.

같은 방식으로, 실제 하나님에 대한 이해가 정확할수록 그분을 만나기는 더 쉬워질 것이다.

교만은 거짓 증인이다.
교만은 만약 죄가 드러나면 우리가 상처 받게 될 것이라고 하나님에 대한 잘못된 정보를 제공한다. 그리고, 우리는 견디기 어려울 만큼 가혹하게 다루는 하나님을 상상한다. 만약 우리가 하나님이 정말 싫어하는 일을 하게 되면, 우리의 모든 권리를 갖고 있고, 우리가 갈망하는 사랑인 유일한 그분은 틀림없이 우리에게 화를 낼 것이며, 우리는 할 수 있는 일이 아무 것도 없다는 두려움에 빠져들게 된다.

죄책감은 두려움을 낳는다.

두려움은 자신을 정당화할 방법을 찾고, 자기 정당화는 오해와 거짓으로 이끈다. 우리는 처벌받아야 마땅함을 알고 있지만 처벌받기를 원하지 않는다. 그러니까 교만은 우리의 죄책감을 떨쳐버릴 방안을 찾기 위하여 고심하거나, 어떻게 해서든지 판사의 눈앞에서 사라져 버리려고 한다. 하나님이 어떤 분인지 우리의 인식을 바꿈으로써 다음과 같은 생각을 갖게 된다.

하나님은 내 삶에 신경 쓸 만큼 한가한 분이 아니다.

하나님은 천국이라는 멀리 떨어진 곳에 있다.

하나님에게 도덕적 규범 같은 것은 없다.

도덕규범이 있다고 할지라도, 그것은 단지 우리를 인도하기 위한 제안이나 좋은 생각에 불과한 것이지 확고한 것은 아니다.

하나님은 사랑이니까 내 실수들을 눈감아줄 것이다.

나는 내가 잘못한 일을 상쇄할 만큼 충분히 잘해왔다.

좋으신 하나님이 그렇게 오랫동안 화를 낼 수는 없다. 그분은 그만할 것이다.

하나님은 내가 무엇을 하는지 상세히 알 수 있을 만큼 위대한 분이 아니다.

그렇다. 이 모든 것들은 우리의 잘못된 선택이 드러나는 것을 막기 위한, 오직 하나의 목적만을 위해 만들어진 오해와 거짓말이다. 우리는 발각되는 것을 원하지 않기에 자신을 보호하기 위해서 무슨 짓이든 할 것이다.

그러나 우리의 티끌한 마음으로 만들어낸 신이라 할지라도 영광과 위엄 가운데 계신 전능하신 하나님을 조금이라도 닮은 구석은 있을 것이다.[54]

・・・

모세는 숨을 곳을 찾아 그늘 아래 시원해진 바위 위에 앉았다. 죽어가던 이집트인의 눈이 갑자기 떠올랐다. 모세는 자신이 사람을 죽인 것에 대해 미안한 마음마저 없었다는 것

---

54) A. W. Tozer 의 책에서 각색하였음. Knowledge of the Holy (New York: Harper Collins, 1961)

을 처음으로 깨달았다. 그가 만약 그런 죄책감조차 느낄 수 없었다면 더 많은 사람들을 죽였을 수도 있었을 것이다.

나는 오랜 세월 동안 분노하기로 작정했지. 모세는 생각했다. **내 백성을 억압하는 그들을 증오하기로 선택했고, 그들을 위해 아무 것도 하지 않았던 내 자신을 증오하기로 선택했어. 정의와 진리보다 권력과 쾌락을 더 추구하기로 선택하기도 했어.**

나는 결국 분노하고, 원통해 하고, 권력에 굶주리고, 조정하고, 살인하는 인간이 되고 말았구나.

그날 어떤 새로운 일이 모세 안에서 일어났다. 그가 자신의 실체를 받아들임으로써 그의 마음 깊은 곳에 겸손의 씨앗이 심겨졌다. 현실의 고통으로 물을 주고, 이전에는 어떤 씨앗도 싹을 틔우지 못할 정도로 굳어 있던 그의 인생의 토양은 이제 한결 부드러워지고, 성장을 위해 준비되었다.

겸손함은 오해와 무분별과 거짓의 토양에서는 결코 자라지 못한다. 겸손의 씨앗은 오직 진실함이라는 풍부한 토양에서 성장할 수 있다.

모세는 저녁까지 그늘 아래서 기다렸다가 다시 걷기 시작했다. 밤의 여정은 낮보다 훨씬 수월했고 어쩌면 그의 목숨을 구하는 방법이기도 했다. 그는 길고 고된 밤을 지나 동이 틀 무렵에서야 몸을 누이기로 했고, 바로 잠들었다.

모세는 새 날의 빛 가운데 일어나 놀라움으로 주위를 둘러보았다. 그는 주변 상황에 대해 아무 것도 몰랐지만 곧 멀지 않은 곳에 우물이 있는 것을 발견했다. 자신의 행운에 놀라워하며 물을 길어 올려 깊이 들이마시고 얼굴을 씻었다. 그리고 나서 우물 가장자리에 앉아 그 날을 위한 계획을 세우기 시작했다.

곰곰이 생각에 빠져있을 때 들려오는 양들의 울음소리가 모세를 움직이게 만들었다. 그는 일어서서 모두 여인인 일곱 명의 목자들과 함께 우물로 오고 있는 한 무리의 양과 염소들을 보았다. 모세는 다시 주저앉아 그녀들을 지켜보았다.

그녀들은 우물가에 앉아 있는 이 수상해 보이는 이집트인을 방해하고 싶지 않았다.
"어서 서둘러."
목자 하나가 말했다.
"다른 사람들이 곧 도착할거야. 그들이 오기 전에 끝내야만 해. 그렇지 않으면 오전 내내 이곳에서 그들이 끝나기를 기다려야 할 거야. 서둘러!"
그녀는 물을 길어 올려 물통을 채웠다.

다른 목자들이 도착하기 시작하면서 우물가는 더 많은 양과 염소들의 울음소리로 가득해졌다. 그들은 먼저 온 여인들을 비웃으며 옆으로 밀쳐내고, 물을 마시고 있던 여인들의 양을 지팡이로 때려 쫓아냈다. 그들 중 하나가 소리쳤다.

"여자들이 자기 분수를 알아야지. 우리가 먼저 양떼에게 물을 먹일 테니 당신들은 나중에 먹이라구."

남자 목자들은 모세가 일어나 히브리 언어로 그들에게 대들기 전까지는 화려한 옷을 입고 앉아 지켜보고 있던 이 이집트인을 별로 신경 쓰지 않았다. 모세가 말했다.

"여인들이 자신의 몫을 취하도록 가만히 있으라. 저들이 이곳에 먼저 도착했다. 아니면 여인들을 물러서게 하고, 당신들이 남자인 나를 어떻게 상대하는지 어디 한번 보자."

남자들은 뒤로 물러섰다. 낯선 사람의 목소리에는 묘하게도 권위가 실려 있었고, 마치 싸움을 원하는 듯한 분노가 섞여 있었다. 그러나 목자들은 다시 먼 길을 가야했고, 싸울 준비도 되어있지 않았다.

모세는 일곱 명의 여인들을 그녀들의 양과 염소들과 함께 앞으로 나오도록 부른 후 물을 길어 올리기 시작했다. 가축들이 충분히 마실 때까지 그는 계속해서 물통을 채웠다. 그녀들은 이제 천천히 떠나가기 시작했다. 모세는 거리를 두고 바위에 앉아 다른 목자들을 지켜보았다.

그들은 양떼에게 물을 먹이고 나서 바로 우물을 떠났다. 모세는 다음에 무엇을 해야 할지 고심에 빠졌다. 그는 어디에서 물을 다시 찾을 수 있을지 몰라 서두르지 않았다.

얼마 후, 몇 명의 여인 목자들이 돌아와 모세가 아직까지 앉아 있는 것을 보았다. 그들이 말했다.
"우리를 도와주셨는데 우리는 아무런 도움도 드리지 못해 죄송합니다. 머물 곳은 있으신가요?"
"아니요, 없습니다."
모세가 대답했다.
"그럼 저희와 함께 가시지요. 저희가 음식과 쉴 곳을 제공하겠습니다."
"감사합니다." 모세는 일어서서 그들과 함께 걸으며 중얼거렸다. **이제 양떼를 치는 여인들과 함께 지내게 될 거야. 이집트의 왕자는 더 이상 없어.** 모세는 그의 머리를 흔들며 여인들을 따라갔다. 갈 곳도, 자기 백성도 없는 그는 그 땅의 의복과 관습을 빨리 받아들였다. 그들은 모세가 머물 곳을 마련해주었다. 시간이 지나면서 그는 결혼도 하고 목자로 자리 잡았다.

・・・

모세는 어디를 가든지 자신의 분노를 품고 다녔다. 목자가 된 처음 몇 해 동안, 그는 돌을 집어 던지거나 나무들을 두들겼다. 더위는 조롱하듯 그를 괴롭혔고, 결국 그는 미친 듯 소리를 질러대곤 했다.

어느 날, 모세는 주변에 펼쳐진 척박한 땅을 침울하게 바라보았다. 저 멀리 주위에는 아무도 보이지 않고 그의 양떼만이 한가로이 풀을 뜯고 있었다. 그는 하늘을 올려다보며 목소리 높여 울부짖었다.
"하나님, 도대체 왜 이러시는 것입니까? 제가 이토록 굴욕을 당하는 것이 그렇게 좋으신가요?"

모세가 기다렸지만 무거운 침묵만 흘렀다.

"단 하루도 제가 부끄럽지 않았던 날이 없습니다. 하나님은 저를 발 아래 벌레처럼 짓밟으셨어요. 대체 어쩌시려구요?"

그는 숨을 들이마시며 안정을 되찾으려 노력했다. 마침내 다시 평안해졌을 때 그는 하나님의 음성을 들었다.
"모세야, 나는 이 세상에서 가장 겸손한 하나님이다. 나는 네가 낮아짐 가운데 당하는 고통을 즐기지 않는다. 내가 기뻐하는 것은 우리의 관계로부터 맺어지는 열매뿐이란다. 나는 너와 함께 하려고 나 자신을 낮추었다. 나와 함께 할 수 있는 유일한 길은 네가 겸손하게 걸어가는 것뿐이란다."

• • •

 모세는 돗자리 위에 누었다. 돗자리는 너무 얇아서 딱딱한 바닥이 그리 편하지 않았다. 그럼에도 그는 잠이 들었고, 꿈을 꾸었다. 지나온 그의 인생 중 많은 장면들이 떠올랐다.

 그 나라에서 가장 좋은 옷을 입고, 동으로 만든 거울 앞에 서서 자신의 모습을 바라보고 있는 자신이 보였다. 속삭이는 목소리가 들려왔다.
 "너는 교만함을 선택했어."
 충격적인 계시 가운데 모세는 자신의 마음을 들여다보았다. 그는 자신이 그 땅 위의 어느 누구보다도 더 나은 사람이라고 느꼈다. 교만이다.

 꿈속에서 모세는 거짓말이 들통난 자신이 선생님 앞에서 항변하고 있는 것을 보았다.
 "나는 거짓말을 안했어요. 나는 절대 실수하지 않아요. 실수하는 것은 약한 것인데, 나는 약하지 않다고요."
 또 다시 목소리가 속삭였다.
 "너는 교만함을 선택했어."
 그는 자신의 실수를 인정하지 않으면서, 그 인정하지 않는 거짓된 마음이 드러나지 않도록 조심했다. 교만이다.

 모세는 그늘 아래 서서 매일같이 매를 맞고 있는 히브리

인들을 바라보고 있는 자신을 보았다. 수없이 많은 날이 지나도 그는 여전히 아무 것도 하지 않고 그 사람들이 맞고 죽임 당하는 것을 지켜보고 있었다. 다시 목소리가 속삭였다.
"너는 교만함을 선택했어."
모세의 마음은 굳어져서 수년간 못 본 체 했다. 교만이다.

더 많은 장면들이 떠오르고 평결은 더 명확해졌다.

너는 나보다 사람들을 더 두려워하는구나.

너는 구제불능이야.

"너는 교만함을 선택했어."

너는 자기연민으로 가득해.

너는 화가 났고 너무 성급해.

"너는 교만함을 선택했어."

너는 네가 그 지위를 얻었다고 생각하고 있지.

너는 네 문제를 가지고 모든 사람을 비난해왔어.

너는 다른 사람을 시기하고, 어느 누구의 성공도 기뻐해 줄 수 없어.

"너는 교만함을 선택했어."

모세는 잠에서 깨어 일어나 앉아 가슴에 손을 얹었다. 심장이 쿵쾅거리며 요동쳤다. 하지만 그뿐이었다. 모든 것이 꿈이었다. 그는 다시 자리에 누워 작은 텐트를 둘러보았다. 밖에 있는 장작에서 마지막 불꽃이 타올랐다. 그는 혼자 중얼거렸다.
"나는 더 이상 자랑할 것이 없어. 모든 것을 잃고 아무 것도 남지 않았어. 어쨌든 교만함도 함께 사라져 버렸네."

적막한 사막 한 가운데, 가진 것도 별로 없는 오래된 텐트 안에서, 돗자리에 앉아 목숨을 연명하기 위해 숨어있는 모세가 회색빛 수염 사이로 입을 열었다.
"나는 교만함을 선택했어."
마침내 그는 자신이 세상에서 가장 오만한 사람이었음을 깨달았다.

・・・

시간이 흘러갔다. 기억들이 조금씩 수면 위로 떠올라 교만함에 빠져 있었던 모습들을 생생하게 상기시켰다. 매몰차고 냉혹한 말들을 쏟아내고, 굶주린 자에게 남은 음식을 주지 않아도 전혀 개의치 않았다. 목마른 사람들 앞에서 물을 마시고, 그들이 보고 있음에도 남은 물을 모래 바닥에 부어버렸다. 연회에서는 요란하고 거만한 찬사가 그에게 쏟아졌다.

자신의 교만함의 깊이가 하나씩 새롭게 드러나면서 모세는 하나님을 향해 울며 부르짖었다. 만약 누군가 그 모습을 보았다면 모세가 너무 화가 나서 폭발하고 있다고 생각했을 것이다.

"아, 그 시절로 돌아가서 모든 것을 되돌릴 수만 있다면."

"제 슬픔을 어떻게 보여드려야 하나요?"

"저는 바보입니다."

"저는 죽어 마땅합니다."

"잘못했습니다. 제 자신이 얼마나 타락했었는지 알지도 못했습니다."

"당신은 저를 사람들을 도울 수 있는 지위에 올려주셨지만, 제 자신의 욕망과 정욕을 위해 모두 낭비해버리고 말았습니다."

"저는 오로지 저에게만 관심을 갖고 저를 위해 모든 것을 소비했습니다."

그는 자신의 교만이 창조주로부터 그를 분리시켰다는 것을 알았다. 교만은 그의 삶을 완전히 망쳐버렸다. 모세는 누구도 탓할 수가 없었고 자신에게 비난의 화살을 돌렸다.

모든 것을 바로 잡으려면 어떻게 해야 할까? 모세는 자신이 반성하고 있음을 표현할 수 있는 모든 방법에 대해 고민했다. 금식을 하거나 자신의 몸을 굴복시키기 위해 스스로 매질을 하거나, 몇 시간 동안 기도를 하거나, 초라한 소유물이지만 다른 이에게 주거나…. 그는 자신이 생각해낼 수 있는 이 모든 방법에 대해 고뇌했다. **내가 수천 마리의 양과 수만 병의 기름과 아니면 내 아들이라도 제물로 바쳐야 할까?** 더 이상 그 무게를 감당할 수 없게 되자 모세는 하나님 앞에 나왔다.

"저에게 무엇을 원하시나요?"

"공의를 행하고, 자비를 베풀고, 겸손히 너의 하나님과 함께 행하라." 음성이 들려왔다.[55]

그는 이 말들이 잠잠해지기를 기다렸다.

모세는 많은 일을 하거나, 나눠주려고 했다. 그런데 새로

---

55) 미가서 6:8 인용

운 깨달음이 그를 사로잡았다. 그가 나누려고 했던 모든 행동들은 하나님의 사랑을 얻고, 얼마나 그가 사랑스러운 존재인지, 얼마나 선한 사람인지를 증명하기 위한 시도였다. 이는 더 큰 교만함이다. **나는 선하지 않습니다. 내가 행한 일들로 사랑받을 수 없지만, 그럼에도 당신은 저를 사랑하고 있습니다.**

모세는 누군가 할 수 있는 가장 겸손한 선택을 했다. 모세는 자신이 사랑받기에 충분하지 않음을 알지만, 우주의 창조자이며 전능한 하나님께서 자신을 사랑해주시도록 내어드렸다. 그는 아직 얻지 못했지만, 절실하게 필요한 것을 감사함으로 받기로 선택했다. 이보다 어떻게 더 겸손할 수 있을까?

・・・

인생은 선택의 연속이다. 무슨 옷을 입을지, 무엇을 먹을지, 무슨 일을 해야 할지, 누구와 결혼할지 선택해야 한다. 매일같이 선택할 일이 산더미 같지만, 그런 중에도 어리석은 선택을 하지 않도록 조심하라. 모세가 그랬던 것처럼 우리도 그렇게 할 수 있다. 오직 한 가지 선택이 중요하다. 모든 다른 선택은 이 한 가지 선택의 부산물일 뿐이다.

그 선택은 우리 자신을 겸손히 낮추고 하나님의 사랑을 받아들이는 것이다.

모세는 자신을 낮추고 하나님이 자신의 모습 그대로 사랑하도록 했다. 좋은 옷이나 풍부한 음식이 주는 환상을 받아들이지 않기로 했고, 권력을 좇거나 그의 교육적 배경을 신뢰하지 않으며, 이미 세워진 왕국으로부터 오는 안정감도 붙들지 않기로 했다. 무엇보다 더 이상 자신을 정당화하기 위한 방법을 찾지 않기로 했다.

　모든 선택의 진원이 되는 단 한 번의 선택이 중요하다. 우리가 여행을 떠나기로 결정하면, 시작하려고 했던 첫 번째 선택 이후로도 계속해서 다음 선택을 해야만 한다. 겸손하기로 결정한 우리의 선택도 마찬가지이다. 이어지는 모든 선택에서 우리가 이미 결정한 대로 겸손을 품은 선택을 해야 한다. 이 선택은 우리의 습관을 형성하고, 이 습관은 우리의 성품을 만든다.

　우리의 성품은 우리의 운명을 결정한다.

• • •

　때때로 가장 겸손한 선택은, 날이 가고, 달이 가고, 해가 지나도 신실함 가운데 선택한 작은 것들이다. 그것들은 용기 있어 보이지도, 멋져 보이지도 않고, 아무도 관심 갖지 않는다. 반복되는 일상의 선택에서 느끼는 고통은 너무나 사소해서 천국에서조차 신경 쓰지 않을 것 같은 작은 선택이다.

모세는 일어나 그의 앞에 펼쳐진 척박한 땅을 내다보았다. 목초지로 데려다 달라고 그를 부르는 양떼들의 울음소리가 들려왔다. 선택의 순간이 다시 그를 찾아 온 것이다.

모세는 이미 살아본 것처럼 다음 날을 예측할 수 있을 거라고 생각했다. 매일 매일이 전날과 같았기 때문이다. 하루 종일 그를 향해 뜨거운 열기가 내리비출 것이고, 계속해서 그늘을 찾아다녀야 할 것이며, 양떼를 먹이기 위해 얼마 남지 않은 풀들을 찾느라 눈도 아플 것이다. 또, 어느 한 마리도 무리에서 벗어나지 못하도록 경계를 늦추지 않고, 관리에 신경 써야 할 것이다.

모래 먼지와 그 맛은 그의 영원한 친구였다.

그의 몸은 가시에 긁히거나 찔리기도 했다.

다른 사람의 말 한 마디도 듣지 못한 채 고독과 외로움은 며칠간이나 지속되었다.

매일 같이 화를 돋우는 양들의 멍청함과 계속되는 염려들. 일밖에 다른 할 것이 없어서 심지어 미친 듯이 웃기도 했다.

하루하루가 똑같았다. 오늘도 별다른 것이 없을 것이다.

자주 해왔던 것처럼 모세는 위안을 받기 위해 양들에게 말을 걸었다.

"전에도 이야기했지만, 나는 너희들이 내 이야기를 다시 듣고 싶어 한다는 것을 알고 있어."

근처에 있는 양에게 말했다.

"내가 한때는 이집트에서 제일 막강한 사람들 중의 한 사람이었지. 나 같은 사람이 너희들을 돌보는 것을 영광으로 생각해야 돼. 내가 여러 언어들을 읽고 말할 수 있다는 것을 너희도 알고 있지? 눈을 감고서도 도시에 일어나는 모든 일들을 관리할 수 있었고, 그래도 시간이 남아서 풀코스 요리를 즐겼는 걸."

침묵이 흘렀다. 잠시 후 친숙한 양의 울음소리가 여기저기서 들려왔다.

"너희들이 내 말에 감명받지 않았다는 사실을 나도 알아. 나도 마찬가지야."

크게 들려오는 양 울음소리가 모세의 입을 막았다. 뭔가 잘못된 것이 틀림없었다. 그는 재빨리 좁다란 협곡 위로 걸어 올라가 아래를 내려다보았다. 이슈포가 바닥에 있는 돌 틈에 끼어 꼼짝 못하고 있었다.

"너, 또 일을 저질렀구나!"

모세가 조심스럽게 내려가는 동안 그의 웃음이 작은 협

곡 사이로 메아리쳤다.

"이번 주만 세 번째야. 네가 나를 많이 가르치는구나."

모세는 그의 구부러진 지팡이 끝으로 이슈포를 끌어 올렸다. 이슈포는 버둥거리다가 마침내 날쌔게 바위 위를 가로질러 뛰어 올라 무리들 사이로 돌아갔다.

태양의 열기가 그늘로 내리비추면서 모세가 다른 장소를 찾도록 내몰았다. 바위 위로 올라가는 순간 모세는 그만 미끄러져 넘어지고 말았다. 바위에게 화가 치밀어 올랐지만 이런 드문 광경을 다른 사람들이 보고 우습게 여길까봐 얼른 옷매무새를 바로 잡았다. 갑자기 이런 자신의 모습이 너무 우스웠다. **내 양들이 나보다 더 영리한 걸.** 그는 생각했다. **양들은 꼼짝 못하게 되면 자기들의 한계를 알고 그냥 받아들이잖아. 양들은 창피해 하지 않고 그저 도움을 요청하지. 하지만 나는 내가 떨어지는 것을 아무도 보지 못했는데도 내 교만함은 쉽게 불타오르는 걸. 나는 실수하거나 약해지는 것을 견딜 수 없어. 나는 전부 아는 척하고 절대로 미끄러져서 넘어지면 안 된다고 생각했어. 심지어 내가 모른다는 것을 용납하기도 힘들었지.** 여러 생각들이 넘어진 것보다 더 세게 그를 때렸다.

마침내 모세가 입을 열었다.

"나는 사람일 뿐이야."

그는 흙을 한 움큼 움켜쥐며 말했다.

"이것이 나의 유산이로구나. 내가 여기서 왔고 여기로 돌아가겠지."

주변의 모든 것들이 그의 연약함과 한계에 대해 알려주었다. 그를 향해 내리비추는 태양 아래 오랫동안 서 있으면 결국 죽고 말 것이다. 스스로 음식을 공급하는 것도 틀림없이 한계가 있다. 양들은 지능 있는 존재들의 한계를 드러내 보여주는 것 같았다.

그는 손에 쥐고 있던 흙들을 바닥에 털어버리며 소리쳤다.
"얘들아, 이리 모여라. 계속 가야지."

제 5장
모세와 성도(聖徒)로서의 겸손

제 5장
모세와 성도(聖徒)로서의 겸손

그동안 수많은 사람들이 겸손이란, 미인이 자신을 못생겼다고 여기거나 똑똑한 사람들이 스스로 바보라고 여기는 것이라고 생각해왔다. … 하나님은 사람들이 세상에서 최고의 성당을 디자인할 수 있고, 그것이 최고가 될 수도 있다는 것을 알며, 과하거나 모자란 것과 상관없이 그 사실에 기뻐하거나, 아니면 자신은 하지 못하더라도 다른 사람들에 의해 이루어진 것들을 즐길 수 있는 마음의 상태에 이르기를 원하신다. 그분은 사람들이 최종적으로는 이웃들의 재능이나 또는 일출, 코끼리, 폭포 같은 것을 대하는 것처럼 자신의 재능에 대해서도 터놓고 감사하며 기뻐할 수 있기를, 그래서 자신들의 선호에서 오는 어떤 편견에서도 자유롭게 되기를 원하신다. … 하나님은 사람들의 자기애(自己愛)라는 짐승을 하루 속히 없애 버리기를 원하신다. 하지만 그것은 그분의 장기 과제로서 사람들에게 자신을 포함하여 모두를 향한 자비와 감사라는 새로운 형태의 자기애를 회복시키려 하신다.

— C. S. 루이스, 스크루테이프의 편지

하나님은 모세의 오만하고 굳어진 마음을 그대로 둔 채

그가 사막 가운데서 외로이 죽어가는 것을 지켜만 보고 있었다. 사막에서 40년이라는 길고도 고통스러웠던 준비과정이 있었지만 어떤 실수도 없었다. 하나님은 모세 자신도 생명을 얻을 뿐 아니라 모세가 다른 사람들을 위한 삶을 살도록 하는 그 위대한 일을 위해 모세의 마음의 토양이 준비되도록 매 순간을 이용했다.

・・・

수년 동안 무엇을 선택할지 결정하면서 우리와 세상을 바라보는 관점의 틀이 만들어진다. 생각이 시현(示現)되는 것이 선택이다. 그 선택이 행동으로 나타나면 습관이 되고, 습관은 우리의 성품을 세워간다. 그리고 성품이 완전히 형성되면 우리의 인생도 결정된다. 유명한 격언에 있듯이 '생각은 결과를 낳게 되는 것'이다.

어느 날, 다른 사람들처럼 모세도 자신의 양떼들을 돌보고 있었다. 그는 하나님의 산, 호렙이라는 광야의 외진 곳으로 양떼를 몰았다.

모세가 산으로 올라가는 도중에 잠시 멈춰 서서 앞을 바라보았을 때 덤불에 불이 붙어 있는 것을 보았다. 그는 양떼들이 그곳을 지나기 전에 불이 빨리 덤불을 다 태우고 꺼지기를 기다리기로 했다. 드물기는 하지만 이런 강렬한 열기 아래서 나무에 불이 붙는 것은 불가능한 일이 아니었다. 보통은 불이 붙으면 금방 사그라졌다. 그가 기다리고 있는 동안 양떼들이 그의 뒤에서 울기 시작했다. 놀랍게도 덤불은 사라지지 않고 계속 불타고 있었다.

궁금해진 모세는 양떼들을 근처의 목초지에 풀어 놓고 자세히 살펴보기 위해 앞으로 나아갔다. 하나님은 모세가 덤불을 살피기 위해 나오는 것을 보고 그를 불렀다.
"모세야, 모세야!"

"제가 여기 있습니다." 모세가 대답했다.

"네 신을 벗어라. 네가 서 있는 곳은 거룩한 땅이니라."

모세는 겁에 질렸고, 많은 생각들이 쏟아졌다. **내가 지금 거룩한 땅에 서 있어. 그런데 나는 거룩하지 않아. 벌레들이 불 주위를 맴돌다가 타 죽어버리는 것처럼 나도 틀림없이 하나님 앞에서 사라져버리고 말거야.**

그가 마주한 선택은 어쩌면 그의 인생에서 가장 어려운 선택 중 하나였을 것이다. 그는 자신도 알 수 없는 거룩함에 순복해야 할까? 그가 생각했던 어떤 것보다 훨씬 더 위대하고, 훨씬 더 부요하며 훨씬 더 순수한 거룩함이 존재한다는 것을 과연 알고는 있을까? 우주 안에 순수함의 기준이 있다는 것을 인정하는 것은 어쩌면 그의 운명을 마감하는 것일 수도 있다. 그는 복종하는 것보다 도망가는 것이 훨씬 쉬운 선택인 것을 알았다.

하지만 모세는 도망가는 대신에 신발을 벗고 하나님의 관점을 선택했다. 그 선택은 장차 그가 어떤 사람이 될지 그 기초가 됐다. 하나님의 편에 서기로 한 그의 선택으로 하나님은 그분의 마음을 모세에게 보이고, 도움을 구하는 이스라엘의 외침과 그들의 괴로움과 고통, 그리고 하나님이 어떻게 그들의 외침에 응답하고 구원할 것인가에 대해 말씀했다.

그러고 나서 하나님은 이런 두려운 말씀을 했다.
"그러므로 이제 내가 너를 바로에게 보내어 내 백성 이스라엘을 이집트에서 데리고 나오도록 하겠다."

모세의 마음 속에 여러 생각들이 홍수처럼 밀려들었다. **나는 겨우 양떼나 돌보는 하찮은 목자일 뿐인데…. 내가 전에 히브리 백성들을 도우려고 했었지만 그들은 내 도움을 원하지 않았어. 나는 현상 수배된 몸이라 바로는 날 죽이고 말거야.** 그가 마침내 입을 열었다.
"제가 누구인데 바로에게 가서 이스라엘의 자손들을 이집트에서 데리고 나와야 합니까?"

"모세야, 내가 너와 함께 하겠다."

"저는 아무런 힘도 없습니다. 제가 무엇을 할 수 있겠습니까?"

"모세야, 네 손에 무엇이 들려 있느냐?"

"지팡이입니다."

"그것을 바닥에 던져보아라."

모세가 지팡이를 바닥에 내려놓자 지팡이는 뱀으로 변하였다. 모세는 돌아서서 도망치기 시작했다.

"모세야, 그것을 다시 주어라."

모세는 멈춰 서서 몸을 돌려 뱀을 바라보았다. 뱀이 그를 향해 쉬익거렸다. 그는 천천히 손을 내밀어 뱀을 집어 들었다.

• • •

당신의 손에는 무엇이 들려있는가?

매우 단순한 질문이지만 이것은 하나님이 우리에게 주신 은사를 이해하는 데 매우 중요하다. 그리고 이 질문은 다음 두 개의 질문으로 이어진다.

당신은 그것을 사용할 것인가? 만약 그렇다면, 누구의 목적을 위해 사용할 것인가?

목자가 사용하는 막대기를 지팡이라고 부른다. 모세가 여러 해 동안 사용했던 지팡이는 죽은 나뭇가지를 부러뜨려 만든 단순한 것이었다. 힘은 지팡이에 있는 것이 아니라 그것을 사용하는 사람의 태도에 달려 있다. 모세는 이집트에 있었을 당시 자신만의 태도를 유지했다. 그는 자신의 은사와 힘과 분노를 사용해서 스스로 정의를 가져올 수 있다고 생각했다. 하나님은 그에게 이제는 순종하는 겸손함과, 하나님이 승리를 가져올 것이라는 믿음 안에서 새롭게 태어나 이전과는 다른 자세를 갖도록 요구한다.

빛 가운데 겸손히 드러난 은사는 우리를 거룩함으로 인도한다.

겸손함과 **거룩함**이라는 단어를 한 문장에 같이 사용해도 괜찮을까? 고백하건대, 나는 이 두 단어가 서로 어울리지 않는다고 생각했다. C. S. 루이스의 말을 인용해보자.

언제나 암흑 가운데 살고 있는 많은 사람들을 상상해보자. 당신이 찾아와 그들에게 빛이 어떤 것인지 설명하려고 애를 쓰고 있다. 어쩌면 당신은 만약 그들이 빛으로 나오면 그들에게 동일한 빛이 비춰질 것이며, 그들은 모두 빛을 반영(反映)하게 될 것이고 따라서 그들은 우리가 가시적(可視的)이라고 부르는 상태가 될 것이라고 설명할 수도 있다. 그런데 그들이 동일한 빛 아래서 동일한 방식으로 반응하며 그들이 모두 비슷해 보일 것이라고 상상하기란 거의 불가능하지 않을까? 반면에 당신과 나는 빛이 비추면 실제로 그들이 얼마나 다양한 사람들인지 드러날 것이라는 사실을 알고 있다.[56]

나는 자주 거룩함에 대해 같은 방식으로 생각했다. 거룩함이 나에게 닥쳐오면 나는 다른 사람들처럼 될 것이고, 나만의 방법으로 그분을 표현하는 독특함이나 아름다움이라고는 찾아볼 수 없는 종교적인 광대가 될 것이라고 생각했다. 이것은 한때 어둠으로 가득했던 곳을 빛이 비춘다 하더라도 아무 것도 드러나지 않고 여전히 똑같을 것이라는 바보 같은 생각이었다.

겸손함은 우리가 누구인지 그대로 인식하고 받아들이는 것이다. 그리고 거룩함은 우리가 어떻게 만들어졌으며, 무엇이 될 것인가를 드러내는 것이다. 나는 빛이 비추어 내 안에 계신 하나님의 독특한 표현이 드러나는 것을 겸손함으로 받아들이고 그 길을 찾아갈 것이다. 만약 내가 빛 가운데 드러난 상황 속으로 기꺼이 걸어 들어간다면 빛을 두려워할 필요가 없다.

빛이 다양한 세상과 그 아름다움을 드러내듯이, 거룩함은

---

56) C. S. Lewis, Mere Christianity (순전한 기독교)

하나님이 누구인지, 우리가 생각하는 것보다 얼마나 위대한 분인지 보여준다. 우리 자신을 겸손히 낮추고 하나님께 나아가는 것은 우리에게 두려우면서도 기쁜 일이다. 우리는 그분의 아름다움이 우리를 통해 드러나도록 선택할 수 있다.

• • •

순수한 의미에서 우리의 은사와 부르심을 제대로 사용한다고 하더라도 여전히 우리가 드러나게 된다. 하나님은 전능하신 당신의 일부를 떼어 우리 안에 두었다. 하나님은 그것을 기꺼이 우리에게 주었을 뿐만 아니라 다시 빼앗아 가지 않을 것이다. 자신의 백성을 향한 섬김과 그들을 억압에서 구원할 소명을 받은 모세의 삶이 이를 증명한다.

처음으로 기록된 사례는 이스라엘 백성을 돕기 위해 이집트인을 살해한 모세에 대한 이야기다. 모세는 자신의 깊은 곳에서부터 그의 백성을 구원하기 위한 역할이 있다는 것을 알고 있었다. 살인행위는 그의 은사를 오용한 결과였다. 그는 자신의 힘과 방법으로 사람들을 구해보려고 시도했던 것이다.

잠시 후 우리는 그를 다시 보게 된다. 모세는 목숨을 구하기 위해 도망쳤고, 우물가에서 남자들이 여성 목자들을 괴롭히는 광경을 목격한다. 모세는 그들로부터 여인들을 보호하고 그들의 양에게 물을 먹이도록 도움을 주었다.

 어떤 상황에서 그의 은사는 목숨을 구하기 위해 도망칠 수밖에 없는 심각한 문제에 빠지도록 했고, 또 다른 상황에서는 그가 가정을 얻기도 했다. 무엇이 이런 차이를 가져왔을까?

 그것은 바로 겸손함으로 맺는 하나님과의 관계에 달려 있다.

 모세가 자신의 힘과 능력을 의지하지 않고 행동할 때, 그리고 자신의 교만함을 인정할 때 비로소 하나님의 능력을 통해 하나님이 주신 은사를 바르게 드러낼 수 있었다. 모세처럼 우리도 마찬가지이다. 우리가 그분의 겸손함 가운데 하나님을 닮고자 성장해 갈 때, 하나님의 은사가 우리 안에서 더욱 실제가 되는 것이다.

• • •

 어떤 선택은 시냇물이 흘러가듯 매우 쉽게 우리 안에서부터 자연스럽게 결정된다. 하지만 어떤 선택은 매우 어려우며, 큰 대가를 치러야 한다는 것을 알고 있다. 모세에게도 그를 키워주고 사랑했던 사람들과 맞서야 한다는 것은 쉽지 않은 선택이었다.

 권력자의 오만함과 주술사들의 능력을 알고 있는 모세는

두려움에 떨며 서 있었다. 그는 자신이 살인자이며, 손에 지팡이를 들고 있는 양치기에 불과함을 알고 있었다. 그리고 그곳에서 자란 자신의 형제가 이제 모세 앞에 서서 그에게 도전하고 있었다. 하지만 모세는 자신의 선택으로 전능하신 하나님과 함께 있음으로 세상에서 가장 강력한 도구가 될 수 있다는 것도 역시 알고 있었다.

만약 그가 단 한 번의 선택으로 모든 것을 해결할 수 있었다면 곧바로 집으로 돌아갈 수 있었을 것이다! 하지만 그렇게 간단한 일이 아니었다. 그는 선택하고 그 결과를 참고 기다려야 했다. 어둠 속에 거하는 사람들은 빛 가운데 거하는 사람들을 마주하기 원하지 않는다. 특별히 그 누군가가 그들을 기근에서 구해준 사람의 자손이며, 그들이 노예로 삼았던 자들의 후손이라면 더더욱 마주하기 싫었을 것이다.

매번 선택할 때마다 갈등이 일어났다.

바로가 말했다.
"그 지팡이가 뱀으로 변하도록 한 너의 선택은 나의 주술사들보다 뛰어난 것이 아니다."

"나일강이 피로 물들게 한 너의 선택 역시 나의 주술사들보다 뛰어나다고 할 수 없다."

"나의 주술사들에게 없는 능력이 너에게 있다고 하니, 그 능력으로 너의 백성들이 지푸라기 없이 벽돌을 만들도록 할 수 있는지 어디 한번 보자."

상황이 이 지경까지 이르면 당신은 어떻게 할지 모르겠지만 아마 나는 포기하고 말았을 것이다. 이스라엘 사람들을 구하기 위해 모세가 했던 모든 일들이 오히려 그를 몰아세웠다. 모세는 일을 더 어렵게 만들었다. 사람들은 더 큰 문제를 원하는 것이 아니라 그들의 모든 문제들을 한 번에 없앨 수 있는 단순한 해결 방법을 원했다.

모세는 선택할 때마다 매번 자신을 겸손히 낮추었으나 더 큰 갈등이 일어났다. 그는 하나님께서 계획을 가지고 있음을 스스로에게 상기시켰다. 그것은 자신의 능력이 아니라 모세의 선택에 달려 있었다. 매일매일 그는 자신의 선택과 함께 권력자 앞에 섰다. 모세는 아무런 대가없이 자유를 얻거나, 어떤 갈등도 없는 인생을 꿈꾸는 그런 바보가 아니었다.

• • •

모세는 바닷가에 서서 앞을 바라보았다. 그들을 죽이기 위해 미친 듯이 달려오는 이집트 군대와 이스라엘 백성을 갈라놓은 불의 열기를 등 뒤로 느낄 수 있었다. **이제 돌아갈 수는 없어.** 그는 한숨을 내쉬며 생각했다. **우리가 환영받**

지 못할 수도 있겠지.

하나님께서 이스라엘 백성들이 어디로 가기 원하는지 모세는 알고 있었다. 하지만 그들을 어떻게 데려가야 할까? 큰 압박감이 밀려왔다. **내가 뭘 어떻게 해야 하는 걸까?** 그들에겐 배도 없고 수영도 하지 못했다. 모세는 부모에게 매달려 있는 어린 아이들과 지팡이에 의지하고 있는 노인들을 바라보았다.

그리고 자신의 손에 있는 들려 있는 지팡이를 쳐다보았다. 불현듯 그가 처음 양을 돌보기 시작했을 때 지팡이를 만들기 위해 가지를 꺾었던 나무가 떠올랐다. 그리고 그때 처음 했던 생각도 기억났다. **한때는 멋지게 나무둥치에 붙어 있었지만 이제는 완전히 죽어버린 채, 쓸모도 없이 굽어 있고, 여기저기 옹이진 것이 마치 나 같군.** 그는 운명처럼 가지를 꺾어 자신의 지팡이로 삼았다.

모세는 바로 그 지팡이가 바로의 궁전에서 뱀으로 변하여 바로의 주술사들이 마법으로 만들어낸 뱀을 잡아 먹었던 것을 기억하고 있다. 그 다음은 전염병이 찾아왔다. 그는 오래되고 옹이진, 생명 없는 지팡이를 들고 있었고, 이집트는 그 앞에 무릎을 꿇고 말았다. 강이 피로 물들었다. 암흑과 메뚜기들과 우박들…. 이 모든 것들이 그가 기도하고 나서 생명도 없고 쓸모없는 지팡이를 들어 올렸을 때 일어났다.

지팡이는 전혀 닳지 않았다. 오랜 시간 함께 걸어왔고, 말할 수 없을 만큼 많은 목적을 위해 사용되었지만 여전히 그대로였다.

네가 바로 그 지팡이다. 그는 내면에서 들려오는 하나님의 음성을 들었다. **너는 생명 없는 나라에 걸려 있던, 휘어지고 옹이 투성이의 쓸모없는 존재였지만 내가 너를 이끌어냈다. 내 손에 있는 한, 너는 결코 닳아 없어지지 않을 것이다.**

새로운 깨달음이 모세에게 밀려왔다. 그는 자신이 기적을 일으키고, 자신의 의지로 무엇인가를 이끌어냈으며, 어쨌든 그의 선택으로 이스라엘 백성을 구할 수 있었다고 생각하는 교만한 마음을 보았다. 그가 살해했던 이집트인의 모습이 다시 그를 괴롭혔다. 백성을 구원하기 위해 자신의 힘을 의지했던 그의 선택은 아무런 도움이 되지 못했다.

모세는 손자국으로 잡기 편해진 지팡이 손잡이를 바라보았다. 하나님이 그에게 말씀했다. **네 손이 그 지팡이에 꼭 들어맞게 되어 지금껏 사용해 왔듯이, 내 손이 너의 인생에 꼭 맞게 되어 너를 사용할 것이다. 일어나 하나님의 영광을 보아라. 네 선택이 아닌 나의 선택으로 백성이 구원받을 것이다.**

모세는 마음속으로부터 일어나는 강력한 형상을 떠올리며 일어서서 물을 바라보았다. 모세는 지팡이를 잡고 있는 자신의 손을 내려다보고는 물을 향해 걸어 들어갔다. 모세는 자신을 바라보고 있는 사람들을 향해 얼굴을 돌렸다. 그들은 머리를 가로저으며 말했다.

"우리는 수영할 줄 몰라요. 성공하지 못할 거예요."

천천히 모세가 하나님의 지팡이를 들어올렸다.

사람들이 몸을 웅크리고 서로를 붙들고 있을 때 거대한 굉음이 창공에 가득했다. 바람이 거세게 물을 밀어 올려 바다 가운데 길이 드러났다. 하나님은 당신의 백성을 구원하기 위해 그분의 방법을 선택한 것이다.

성도로서의 겸손

존스 홉킨스 대학의 물리학 교수인 헨리 어거스투스 로랜드는 언젠가 전문가 증언을 위해 재판에 참석했다. 반대심문 과정에서 변호사가 물었다.

"이번 사건에서 당신은 전문가 증인으로서 자격요건을 갖추고 있습니까?"

일반적으로 교수들은 이렇게 대답한다.

"나는 심의 중인 주제에 관해서는 가장 뛰어난 전문가입니다."

나중에 로랜드 교수의 성품을 잘 알고 있는 친구가 평소 그 답지 않은 답변에 놀라움을 표현했다. 로랜드는 "글쎄요, 나에게 무엇을 기대하시나요? 나는 하나님께 맹세했는걸요." 라고 대답했다.[57]

우리는 겸손을 무엇을 잘하지 않거나, 우리가 잘한다는 것을 용납하지 않는 것이라고 생각한다. 나는 아버지, 형과 누나 밑에서 자랐는데 그들은 모두 강한 성격을 소유한 사람들이었다. 나는 엄마를 더 닮아서 조용하고 내성적이었다. 가족 안에서 살아남기 위해 나는 아무 말도 하지 않거나 다른 형제들과 경쟁하지 않기로 결정했다. 자라면서 나는 형에게 없었던 운동에 재능이 있다는 것을 발견했다. 아버지는 내 안에 있는 그 재능을 사랑했고, 그것으로 인해 형이 괴로워하고 있다는 것을 알았다. 내 어린 마음에 형의 고통은 나의 잘못 때문이라고 생각했다. 나는 마음의 문을 굳게 닫고서 더 이상 나의 기술이나 재능을 드러내지 않기로 했다. 왜냐하면 운동에 대한 나의 재능이 형에게 고통을 안겨주었던 것처럼, 혹시라도 나로 인해 다른 사람들이 고통을 받을 수도 있을 것이라고 생각했기 때문이었다.

기독교인이 되었던 초창기에 나는 하나님이 나의 아버지와 같을 것이라고 여겼다. 내가 만약 영적으로 성공을 거둔

---

57) Today in the Word, 8월5일자, 1993.

다면 하나님은 그들보다 나를 더 기뻐하실 것이기 때문에 다른 사람들에게 고통을 초래할 것이라 생각했다. 그러나 겸손함에 대해 공부하면서 나를 지으신 하나님은 내 아버지와는 다르다는 것을 알게 되었다. 공평한 하나님은 내가 잘하거나 못하는 것에 따라 나를 사랑하는 것이 아니라, 결과에 상관없이 나를 사랑하는 분이다. 하나님이 나에게 주신 어떤 은사든지 자유롭게 드러낼 수 있으며, 그것들을 산 제물로 다시 하나님께 돌려드릴 수도 있다. 그리고 하나님은 그 은사들로 무엇을 하기 원하는지 밝힐 것이다.

・・・

1964년 오스트리아 인스브르크에서 개최된 동계올림픽 2인조 봅슬레이 경기에서 두 번째 순서를 기다리고 있던 영국팀 토니 내쉬는 썰매 뒤축의 볼트가 망가진 것을 발견하고서는 심장이 멈추는 것 같았다. 자칫하면 사소한 일로 경기 전체를 망칠 수도 있었다.

유명한 이탈리아 봅슬레이 선수였던 에우제니오 몬티는 첫 번째로 경기를 마친 후 영국팀에게 찾아온 불행한 소식을 들었다. 몬티는 즉시 자신의 썰매에 있던 볼트를 빼내어 언덕 위에 있는 출발선으로 보냈다. 그 볼트로 영국팀은 경기를 완주했고 금메달을 차지했다. 몬티의 팀은 동메달에 그쳤다.

사람들은 몬티의 사심 없는 스포츠맨십을 극찬했지만 몬

티는 담담히 대답했다.

"토니 내쉬는 제가 준 볼트 때문에 이긴 것이 아닙니다. 그가 최고의 드라이버였기 때문에 승리한 것입니다."[58]

그는 어떤 대가를 치러서라도 이기려는 오만한 사람이 아니었다. 그는 최선을 다했으며 그것에 만족했다. 하나님의 눈에는 바로 그가 승자였다.

고백할 것이 한 가지 있다. 나는 가끔 비교하는 것 때문에 깊은 갈등에 빠지곤 한다. 내 자신을 돌아볼 때 내 은사가 다른 사람이 가진 은사들보다 훨씬 작고 볼품없이 보였다. 지난 몇 년 동안 나는 복음서에 나오는 과부의 헌금에 대한 이야기에 집중했다.[59]

예수님은 하나님께 헌금을 드리기 위해 줄을 서 있는 사람들을 보고 있었다. 나는 하나님을 감동시키려고 드리는 묵직한 금화 소리를 상상해보았다. 그때 한 과부가 동전 두 개를 가지고 나왔다. 그녀가 두려워할 수도 있었지만 예수님은 제자들을 불러 그녀를 바라보도록 했다. 이제 틀림없이 그들은 그녀의 보잘 것 없는 헌금에 대해 조롱할 것이다! 어쩌면 그녀는 빠져나가려고 시도해 봤겠지만 예수님이 무슨 말씀을 하는지 보려고 모여든 사람들 때문에 불가능했을 것이다.

---

58) SPIN Magazine, 2월호, 2002.
59) 누가복음 21:1

그때, 정말 놀랍게도 예수님은 그녀가 그곳에 있는 다른 모든 사람의 헌금을 합친 것보다 더 많은 것을 드렸다고 말했다. 예수님은 완전히 다른 기준으로 판단한 것이다. 그분은 상대적인 크기나 중요함이 아니라 마음의 표현으로서 사랑의 제물을 드렸는가에 따라 판단한다.

예수님은 당신에게 은사가 하나밖에 없든지 아니면 많든지 간에, 하나님의 사랑을 표현하는 것으로 단지 물 한 잔을 제공하는 것일지라도 모두 알고 있다고 우리에게 말씀한다. 우리가 사람들을 접대하는 것이든 아니면 섬기는 일이든, 당신의 사역에서 기적이 일어나든지 아니면 병들고 죽어가는 사람들을 돌보는 일이든, 당신이 교회에서 사역을 하든지 아니면 사업가로, 정치가로, 기술자로, 의사로, 교사로 부르심을 받았든지, 어떤 은사를 받았는지 상관없이, 당신은 이것을 붙들고 그대로 행해야 한다. 늙은 과부의 손에 들려진 동전 두 개와 같이 마음으로 드린 것이 하나님께 기쁨이 되며, 그분은 그 모든 것을 기억할 것이다.

어쩌면 당신은 자신의 한계를 인정하는 것이나, 자신의 교만함에 대해 다루고 나면 겸손함으로 행할 수 있다고 생각할 수도 있다. 그러나 실제적으로 겸손에 대한 처음 두 가지 표현(피조물로서의 겸손과 죄인으로서의 겸손)은 순전한 겸손에 이르도록 단지 우리를 준비하는 것이다. 겸손함이 주는 가장 큰 기쁨은 당신만의 방법으로 하나님의 선하심을 표현하도록 선택할 수 있다는 것이다. 다른 사람들과 비교하거나 다른 사람들보다 얼마나 앞서 있는지에 따라서 자신의 가치를 평가하는 것이 아니라, 당신은 그저 살아계신 하나님의 성령이 당신의 인생에 들어와서 당신 주변의 세상을 만지도록 하면 된다.

우리를 겸손하게 하는 하나님의 목표는 끊임없이 우리의 한계와 연약함을 보여주고, 우리의 죄에 대하여 회개토록 하는 것이 아니다. 하나님은 단지 그분의 마음을 보여주기 위해 이러한 방법을 사용하는 것이다. 하나님이 농부라고 상상해보라. 농부는 적합한 농토를 찾기 위해 밤낮으로 돌아다니고, 돌과 잡초를 제거하기 위해 수고하며, 흙을 부드럽게 하기 위해 쟁기로 밭을 갈아엎는다. 그런데 그는 여기서 일을 멈추고, 밭을 깨끗이 정리한 것으로 만족해할까?

땅의 목적은 다른 이들을 축복하기 위하여 생명을 가져오도록 생산하는 것이다. 하나님은 우리 안에 심은 은사들이 피어날 수 있도록 우리 마음을 준비하기 위해 겸손을 활용한다. 그리고 하나님은 우리를 부서뜨리거나 낮추려는 것이 아니라, 우리가 생명을 생산하고 축복을 경험하며 다른 사람들을 축복하도록 이 모든 것을 준비한다.

당신은 자신을 겸손히 낮추고, 당신이 하나님의 형상으로 지음 받았고, 당신 안에 은사가 있으며 당신이 겸손함으로 그 은사들을 타인을 위해 사용할 때에 하나님이 기뻐한다는 사실을 붙들고 시작만 하면 된다. 바로 오늘 시작하라. 하나님이 지은 본래의 모습이 되도록 하라. 당신을 겸손히 낮추고, 그분께서 사랑과 기쁨의 표현으로 당신을 통해 흐르도록 하여 하나님의 은사를 다시 하나님께 되돌려 드리도록 하라.

• • •

모세가 하나님 앞에서 자신을 겸손히 낮추는 선택을 거듭할수록 성도로서의 겸손함이 그에게서 자랐다. 모세는 자신에게 은사가 없다고 여기거나, 자신의 은사가 다른 사람들의 은사보다 더 낫거나 중요하다고 생각하지 않았다. 홍해를 떠난 지 오랜 시간이 흘러 사람들이 회중 안에서 예언하는 문제를 들고 여호수아가 모세를 찾아왔다. 여호수아는 모세에게 그 사람들이 예언하지 못하도록 할 것을 요청했지만 모세는 여호수아에게 이렇게 말했다.

"너는 나를 위해 시기하고 있는 것이냐? 주께서 그분의 영을 그들에게 주시면, 주의 모든 백성들이 예언자가 될 것이다!"[60]

모세는 자신의 지위를 보호하는 데 신경 쓰지 않았다. 그는 오직 그들 가운데 하나님이 역사하는 것에만 관심이 있었다. 지속적이고 오랜 선택 이후에, 성도로서의 겸손이 반사되듯 그에게 찾아왔다.

---

60) 민수기 11:29

선택은 종종 작은 물방울과 같다. 순간적으로는 드러난 것이 아무 것도 없는 것 같다. 그런데 당신은 물방울이 반복적이고 지속적으로 계속해서 떨어지는 장소를 본 적이 있는가? 종유석과 석순은 한 방울씩 떨어지는 물로 만들어진다. 수백만 개의 물방울이 함께 모여 바다로 향해 나아가는 동안 계곡의 모습이 형성된다. 우리의 선택도 이와 같다. 물방울 그 자체로는 너무 미약하지만 시간에 비추어보면 그것들은 긴 시간에 걸쳐 영향력을 미친다. 그것은 우리가 사는 세상의 풍경을 바꾸는 존재이기도 하다.

이스라엘은 400년간 선택을 했다. 그들에게는 전혀 변하지 않을 것 같았던 매우 강력한 고정 관념들이 있었다. 이것은 선한 것이 될 수도 있고 악한 것이 될 수도 있다. 수백만 개의 물방울이 모여 강을 이루듯, 전체 공동체는 순간의 선택들이 축적되어 세워진다. 그리스도의 몸 역시 이러한 방식으로 작동한다. 하나님은 약속했다. "내 이름으로 일컫는 내 백성이 그들의 악한 길에서 떠나 스스로 낮추고 기도하여 내 얼굴을 찾으면 내가 하늘에서 듣고 그들의 죄를 사하고 그들의 땅을 고칠지라."[61]

그렇다면 과연 우리의 집단적인 선택은 겸손함을 위한 것인가?

---

61) 역대하 7:14

제 6장
겸손에 대한 신화들

제 6장
겸손에 대한 신화들

어떤 세계관이라도 인정받기 위해서는 다음 세 가지 중요한 질문에 답해야 한다.

1) 나는 누구인가? 또는 우리는 어디에서 왔는가?
2) 세상에서 무엇이 잘못되었는가?
3) 그것을 바로잡기 위해 우리는 무엇을 해야 하는가?

겸손함은 이 세 질문에 답하기 위한 시발점이다.

1) 우리는 하나님의 형상을 따라 창조된 유한하고 한계가 분명한 피조물이다.
2) 우리는 하나님께 반항하기로 선택하고 그분을 거역함으로써 하나님이 원래 계획한 세상에서 멀어졌다.
3) 오직 우리는 겸손(우리의 은사를 포함하여)에 대해 이해하고 받아들임으로써 우리 자신과 세상의 관계가 삶에서 진정으로 회복되는 것을 볼 수 있다.

위조지폐를 찾아내기 위해 전문가들은 진짜 지폐에 대해

자세하게 연구하고, 직감적으로 가짜를 알아챌 수 있도록 스스로를 훈련한다. 바로 이것이 우리가 겸손함에 대한 세 가지 영역을 각각 잘 이해하기 위해 시간을 할애하는 이유이다.

겸손의 의미에 대해서도 진리를 변형하여 모방한 '진짜' 위조품들이 존재한다. 이제 그 실상에 대해 연구하기에 앞서 일반적으로 드러난 가짜들에 대해 설명하려고 한다. 이러한 위조품들은 겸손에 대한 세 영역이 얼마나 깊이 서로 연결되어 있는지 보여줄 것이며, 하나님의 은혜 가운데 우리가 온전히 동행하기 위하여 이 세 가지를 어떻게 받아들여야 하는지 알려줄 것이다.

겸손은 낮은 가치를 수반한다. 가장 치명적이고 종교적인 생각 중의 하나는, 진정으로 겸손하게 되려면 당신 스스로 모든 가치를 없애야 한다는 것이다. 이런 생각을 가진 당신의 목표는 자기 자신이 어떠한 재능도 없고, 칭찬받을 만한 자격도 없는 별것 아닌 것처럼 여기면서, 존재 자체를 부인하는 것마저 외면하는 것이다. 이러한 총체적인 자아부정은 종교적 자살행위의 한 형태이며, 기독교적이라기보다는 힌두교의 한 형태에 더 가깝다고 할 수 있다. 하나님은 그분께 돌려드리는 선물로서 우리의 인생을 내려놓고 이기적인 마음을 깨뜨려서, 그분의 생명이 우리 안에 흐르도록 하려고 우리를 부른다. 그러나 만약 우리가 이러한 건강한 반응을 겸손에 대한 잘못된 기초 위에 세운다면 결코 은혜를 경험할 수 없을 것이다.

겸손에 대한 이런 방식의 이해는 가끔 우리 안에 있는 하나님의 은사를 싫어하도록 이끌기도 한다. 우리는 우리 안에 있는 모든 재능이나 은사가 교만한 것이며, 결국 죄라고 생각하게 된다. 그것은 마치 그림에 재능 있는 화가가 그림을 잘 그리기 위해 하나님을 간절히 원했으나 결국은 죄책감을 느끼고 자신의 은사에 대해 회개하려고 애쓰는 것과 같다. 많은 사람들이 이처럼 그들 안에 계신 하나님이 드러나기를 원하지만, 여전히 타락한 가정과 문화, 심지어 하나님이 주신 은사를 바로 보지 못하는 교회 아래에서 고통 받고 있다.

오직 하나님 한 분만이 우리가 얼마나 가치 있으며, 어떻게 살아야 하는지 결정한다. 하나님은 우리가 행한 일들 때문이 아니라 그분은 사랑이시며, 우리를 돌보는 분이기 때문에 그분에게 있어서 우리가 가치가 있다고 주장한다. 겸손함이란 하나님이 주신 은사의 가치를 인정하고, 그것을 행하는 것이다.

여기에서 피조물로서의 겸손이 중요하다. 그렇지 않다면 우리들은 어떤 은사든지 언제나 완벽하며, 다른 사람들에게 의존하지 않아도 될 만큼 온전하다고 생각할 것이다. 하지만 우리가 유한한 존재라는 사실을 안다는 것은 우리의 은사에 대해서도 동일한 측면이 있음을 받아들이는 것이다. 나의 은사를 온전히 사용하기 위해서는 다른 사람들의 지혜가 필요하며, 내가 그렇게 할 때 실수에 대해 고민하지 않아도 된다. 그것은 하나님이 내게 주신 은사에 대해서도 마찬가지이며, 나는 연약하여 그것들을 어떻게 표현해야 하는지 계속해서 배워야 한다.

겸손이란 단지 연약하고 취약함을 의미한다. 어떤 면에서 이것이 사실이기는 하지만 겸손함에 대한 완벽한 설명이라고 할 수는 없다. 왜냐하면 우리는 또한 하나님의 형상으로 지음받았기 때문이다. 하나님은 자신의 일부를 떼어 우리 각 사람에게 심어놓았다. 어쩌면 나는 보잘 것 없는 행성에서 흙으로 만들어진 생명체에 불과할 수도 있지만, 또 한편으로 나는 하나님의 형상으로 만들어졌으며, 그분의 일부가 내 안에 거하고 있다. 또한 성령의 능력으로 그분이 드러나도록 부름받기를 기다리고 있다. 연약하고 취약하다는 것이 무조건 무의미하고 가치 없다는 뜻은 아니다.

이러한 생각에서 발생하는 또 다른 함정은 사람들이 자신의 연약함으로 인해 창피를 당하게 될 때 나타난다. 사람들은 자신이 회개했기 때문에 창피를 당한다고 생각한다. 오늘날 얼마나 많은 사람들이 자신이 무력하고 문제에 빠져 있기 때문에 교회에 앉아있다고 생각하는지 알고 있는가? 어떤 사람은 사고를 당해 생명을 잃을지도 모른다는 두려움 가운데 하나님을 부르고 있을지도 모른다. 어떤 여인은 사업 실패에 대한 절망감 때문에 필사적으로 하나님 앞에 나왔을 수도 있다. 어쩌면 만성질환으로 인해 교회를 찾은 사람도 있을 수 있다.

자신의 죽음과 연약함에 직면한 이러한 사람들은 도움이 필요하다는 것을 알고 있으며, 하나님과 모종의 거래를 하려고 애쓴다.

"알았어요, 하나님. 만약 저를 도와주신다면 교회에도 가고, 저에게 원하시는 것들도 할게요."

하나님은 겸손함에 응답하는 분이기 때문에 그들에게 손길을 내밀고, 그들은 원하는 것들을 얻기 위해 결국 교회로 향한다.

때때로 이러한 이야기들은 생명과 비옥함으로 인도하기도 한다. 하지만 사람들이 자신의 한계를 받아들이는 것 이상으로 그것들을 넘어설 때라야 가능하다. 만약 그렇지 않다면, 그들은 이것이 회개라고 생각하며 편안히 기대어 앉아 여생을 즐길 수도 있다. 이것은 안타깝게도 실수를 범하는 것이다. 일시적인 겸손은 진정한 겸손함을 낳지 못한다. 그들이 하나님 앞에 지속적으로 나가지 않는 한 점차 관계를 잃게 될 것이며, 냉랭해지고 말 것이다. 부분적인 출산은 진정한 출산이 아니다.

우리가 죄를 범했을 때만 겸손하면 된다. 어떤 사람들은 우리의 겸손함을 유지하기 위해 죄를 지어야 한다는 극단적인 생각에까지 이르기도 한다. 우리를 진정으로 겸손하게 하는 것은 죄가 아니라 은혜이다. 우리는 마땅히 받을 만한 것이 무엇인지 알고 있다. 하지만 우리가 감당할 수 없는 사랑을 얻게 될 때, 그것이 우리를 압도하고 겸손하게 하는 것이다. 겸손이 확실히 죄에 대해 다루기는 하지만 천국에서 백만 년을 머문다 할지라도 하나님과 동행하려면 우리는 겸손해야 한다.

만약 겸손함이 오직 죄와 관련되어 있다면 우리가 죄를 뒤로 하는 순간 더 이상 겸손함이 필요하지 않을 것이다. 그리고 이것이 사실이라면 하나님은 겸손한 분이 아니다. 왜냐하면 그분은 결코 죄를 선택했던 적이 없기 때문이다. 겸손은 죄를 회개하는 것 이상을 수반한다. 우리는 변함없이 하나님의 피조물이며 그분의 성도이므로 우리의 한계와 우리 안에 있는 하나님의 은사를 인정하는 자세로 항상 겸손해야 한다.

이와 밀접한 관계가 있는 것으로 자동차 열쇠를 잃어버리거나 질문에 틀린 답을 하는 것과 같은 실수도 우리의 죄 때문이라는 견해가 있다. 우리가 진정으로 겸손하다면 우리는 절대로 실수하지 않을 것이며, 우리에게 어떠한 문제도 일어나지 않을 것이라고 생각한다. 거듭 말하지만 이것은 겸손함에 대한 엄청난 오해일 뿐만 아니라 피조물로서의 겸손에 대해 망각하는 것이다. 모든 죄에 대해 회개한, 완벽하게 거룩하고 검손한 사람일지라도 여전히 실수할 수 있고, 잘못된 것을 추정하며, 넘어지기도 하고, 단순한 질문을 필요로 한다. 이러한 것들은 죄의 결과로 나타나는 것이 아니다. 그것은 단지 삶의 일부로서 연약함을 인정하는, 유한한 인간임을 드러내는 것에 불과하다.

검손은 우리에게 일어나는 신비하고 영적인 사건이다. 우리는 가끔 물리적인 세계에서 검손함을 배제하고, 검손을 우리의 선택과 상관없이 하나님이 우리 안에서 행하는 신비한 사건으로 여기기도 한다. 검손을 오직 하나님만이 주는 축복이라고 간주하고, 단지 소수의 사람들에게만 허락된 것이라고 생각한다. 다행스럽게도 이런 생각은 나를 자유롭게 풀어준다. 만약 나를 검손토록 "하는" 것이 하나님의 일이라면, 나는 검손에 대해 어떤 책임도 없게 된다.

하나님이 우리에게 검손토록 하는 은혜를 주는 것은 맞지만, 아울러 우리의 **선택이 필요하다.** 하나님은 물질적인 세상을 만들고 보기에 좋았더라고 했다. 그분은 우리와 삶의 모든 측면에서 함께 하기를 원한다. 신명기에서 하나님은 굶주림을 통해 사람들이 검손해지도록 했다. 하나님은 그들이 좀 더 성숙해지고 그분을 닮도록 하기 위해 물질적인 세상을 통해 그들을 시험하고 단련했다.[62] 검손은 인간의 선

---

62) 신명기 8:3

택에 달려있으며, 물질적인 세상에서 직면한 도전에 어떻게 반응하는지에 따라 결정된다. 그들처럼 우리에게도 겸손은 해를 거듭하면서 의식적으로 선택해야 하는 것이지 우리 안에서 일어나기를 기다리면서 얻게 되는 것이 아니다.

겸손이란 자신에 대해 상심하는 것이다. 타락한 이 세상에서 우리는 불안하고, 자신에 대해 상심하며 죄책감과 수치심을 경험하는 시간을 갖게 될 것이다. 그러나 하나님이 이것을 사용해서 우리를 겸손함으로 이끌어 가는 한, 이러한 감정들 자체가 진정한 겸손의 척도가 되지는 못한다. 겸손은 우리를 지으신 하나님이 어떤 분인지, 그 안에서 이러한 감정들에 어떻게 반응할 것인지에 대한 우리의 선택을 통해 얻게 된다. 결국 진정한 겸손은 우리 자신에게 초점이 맞추어지지 않을 때 일어난다.

우리는 사람이 아니라 하나님에게만 겸손하면 된다. 이것은 바로 지옥 구덩이에서 전해오는 거짓이다. 우리는 종교를 통해 이러한 생각을 갖게 된다. 바리새인들과 같이 다른 사람보다 자신이 우월하다는 것을 느끼기 위해 종교를 이용한다면 우리는 이것을 받아들이게 된다. 그렇게 되면 우리의 겸손은 다른 사람들 위에 자신을 높이려는 발판으로서 결국 교만이 되고 만다. 진정한 겸손은 모든 관계 가운데 나타나거나 아니면 전혀 찾아볼 수 없다.

하나님이 우리에게 재능을 주셨다면 그것에 대해 겸손할 필요는 없다. 우리는 때때로 겸손을 "영적인" 영역으로만 국한하고, 매일의 삶과 은사의 영역으로는 끌어들이지 않으려고 한다.

웅변에 뛰어난 재능이 있는 한 남자를 상상해 보자. 만약 그가 겸손을 죄와 관련된 것으로 제한한다면 성도로서의 겸손에 대해서는 이해하지 못하고 있는 것이며, 그 사람 안에서 그와 함께 흡족해하면서 일하시는 하나님의 은사에 대해 잘못 이해할 수도 있다. 하나님께 순종하거나 혹은 그렇지 않을지라도 하나님이 주신 뛰어난 웅변의 은사가 그 안에서 작용한다는 것을 그는 깨닫지 못한다.

심지어 교만함 가운데 행할지라도 은사는 여전히 발휘된다. 어쩌면 그의 은사가 타인에게 축복이 되기도 하며, 그들로부터 찬사를 받을 수도 있다. 그러면 그는, 하나님은 인간의 교만한 상태는 상관하지 않는다고 생각할 수 있다. 이런 위험한 추측은 결국 그에게 문제가 되고 관계도 잃어 버리게 할 것이다. 하나님의 눈으로 볼 때 이런 사람은 결코 성공했다고 할 수 없다.

야고보는 이에 대해 다음과 같이 기록하고 있다.
"부한 자는 자기의 낮아짐을 자랑할지니 이는 그가 풀의 꽃과 같이 지나감이라."[63]

---

63) 야고보서 1:10

당신의 은사로 돈을 벌게 되었다면 정말 잘 된 일이다! 그러나 반드시 기억해야 할 것은 당신은 흙으로부터 왔으며 흙으로 돌아가게 될 것이고, 아무 것도 가지고 갈 수 없다는 사실이다. 은사는 하나님께 속한 것이며, 마치 우리 스스로 은사를 만들어낸 것처럼 교만함으로 의기양양할 것이 아니라 겸손함으로 그분께 돌려드려야 한다.

우리가 가진 은사가 하나님이 보기에 우리를 더욱 특별하거나 보잘 것 없는 존재로 만들지 못한다는 것을 앎으로써 우리는 회개의 자유를 누리게 된다. 여기서 우리는 뛰어남 가운데 교만하지 않는 자유를 누리거나, 탁월함을 겸손히 행할 수 있다. 우리 모두는 은혜로 구원받은 죄인들이며 하나님의 자녀로 입양되었다.

겸손에 대한 이러한 조합을 구약성경에 등장하는 다윗의 삶에서 확인할 수 있다.

그는 예배와 전쟁에 놀라운 은사를 갖고 있었다. 사람들과 어떻게 일해야 하는지 잘 알고 있는 뛰어난 전략가로서, 나라를 다스리는 왕이 되었다. 주님의 궤가 성으로 들어올 때 그는 주님 앞에서 제멋대로 뛰어다니며 춤을 추었다. 다윗의 아내 미갈은 이것을 보고 그를 업신여기며, 사람들이 평민처럼 행동하는 왕을 보고 있다는 생각에 머리가 아파왔다.

"이스라엘의 왕이 어떻게 그럴 수 있어요!"

그녀는 다윗을 질책했다.

"하찮은 자들이 부끄러운 줄도 모르고 자신의 몸을 드러내는 것처럼 왕은 신하들의 하녀들 앞에서 몸을 드러냈어요!"

다윗이 그녀에게 대답했다.

"나는 주님 앞에서 춤을 추었을 뿐이오. 주님은 당신의 아버지와 그 집안 대신에 나를 선택하셔서 주님의 백성인 이스라엘을 다스리도록 지명하여 세워주셨소. 그러니 내가 주님 앞에서 기뻐할 것이오. 내가 이보다 더 낮아져서 천하게 보일지라도 그렇게 할 것이오.…"[64]

결론적으로 다윗은 미갈에게 말했다,

"나에게는 은사가 있소. 이것들은 나를 통해 일하시는 하나님을 표현하는 것이오. 하나님이 나를 선택했지만, 나는 여전히 보잘 것 없는 질그릇에 불과하오. 나의 창조주 앞에서 그분의 피조물로서 내 자신이 비천해진다 할지라도 부끄러워하지 않을 것이오."

우리는 겸손한 사람에 대해 정확히 설명할 수 있다. 아마도 우리는 술을 마시지 않는 사람, 특정한 옷을 입은 사람이나 특정한 직업을 가진 사람, 또는 (교회에서) 적절한 때에 누군가의 발을 씻기는 사람이 겸손하다고 생각할 수 있

---

[64] 사무엘하 6:16-23

다. 이러한 종류의 표식들은 우리가 속해있는 문화와 관련된 것이지 겸손함에 대한 영적인 분별은 아니다. 겸손은 외형적인 것은 아니지만, 그 사람이 가지고 있는 은사에 따라 다양하게 드러나게 된다. 교만이 어떤 행동을 통해 드러나듯이 겸손함도 마찬가지이다. 겸손은 궁극적으로 마음의 자세이며, 사랑의 마음을 통해 나온다.

C. S. 루이스는 그의 세대가 가지고 있는 겸손한 사람의 모습에 대해 이의를 제기했다.

> 당신이 진실로 겸손한 사람을 만나게 된다면, 오늘날 많은 사람들이 말하는 '겸손한' 사람의 모습을 기대하지는 말라: 그는 당신에게 항상 느끼하고 지나치도록 나긋나긋하게 말하는 그런 사람이 아니라 정말 볼품 없는 사람일 수 있다. 어쩌면 겸손한 사람은 당신의 말에 진정으로 귀 기울이는 활기차고 지적인 사람처럼 보일 것이라고 생각할 수도 있다. 만약 당신이 그에게 반감을 품는다면, 그것은 너무 쉽게 인생을 즐기는 것 같이 보이는 사람에 대한 약간의 시기심 때문에 그럴 수 있다. 그는 겸손함이나 자기 자신에 대해 조금도 신경 쓰지 않을 것이다.[65]

교육자이며 작가, 웅변가 그리고 대통령의 고문이었던 브루커 T. 워싱턴은 알라바마주 터스키기 대학의 총장직을 수

---

65) C. S. Lewis, 순전한 기독교.

락한 지 얼마 되지 않았을 때 잠시 외출하였다. 그 도시의 부자동네를 지나고 있는데, 한 여인이 그를 멈춰 세웠다. 유명한 워싱턴 교수를 알아보지 못하고 그녀는 푼돈으로 장작을 패줄 것을 제안했다. 워싱턴 교수는 웃으며 그녀가 요구한 보잘것없는 일을 하러 들어갔다. 그는 장작을 쪼개어 집 안으로 가지고 들어가 벽난로 부근에 쌓아놓았다.

그를 알아본 이웃집 소녀는 장작을 팬 남자가 어떤 사람인지 그 여인에게 알려주었다. 그녀는 안절부절못하다가 다음날 워싱턴 교수에게 사과하기 위해 대학에 있는 그의 사무실을 찾아갔다.
"정말 괜찮습니다."
그가 대답했다.
"가끔씩 나는 이런 일들을 즐기는 걸요. 게다가 친구를 위해 무엇인가를 한다는 것은 언제나 즐거운 일이지요"
그의 겸손한 행동은 그녀의 신의를 얻었고, 그녀는 곧 자신과 함께 터스키기 대학에 수천 달러를 기부하도록 부자 친구들을 설득했다.[66]

---

66) '일용할 양식'에서 이야기 재구성

제 7장
예수 : 겸손한 하나님의 완전한 모습

제 7장
예수 : 겸손한 하나님의 완전한 모습

 겸손이 여전히 낯설고, 교만은 매우 친숙하다고 느끼고 있다면 그것은 단지 있는 그대로의 우리일 뿐이며 그것에 대해 염려할 필요가 없다. 치열한 이 세상에서 당신은 원하는 것을 얻기 위해 투쟁하고, 당신에게 도움이 되지 않는 자들을 잘라버려야 한다. 나는 한편으로는 이 말을 받아들이지만 다른 한편으로는 불만족스러움을 느끼고 "이게 전부야?"라고 반문한다. 분명히 그 이상의 무엇이 있을 것만 같다.

 인간이 겸손함의 유일한 기준이라면 우리 모두는 상당히 안전할 것이다. 왜냐하면 우리가 기준을 매우 낮게 설정했기 때문에 우리 대부분은 '충분히 선함'으로 평가받을 수 있을 것이다. 그렇지만 우리의 어둠 속에 빛이 있고, 우리의 대화 가운데 말씀이 있으며, 우리 마음속에서 일하는 영이 있어서 우리가 세운 것보다 훨씬 더 높은 기준이 존재한다. 간단히 말하자면, 하나님은 우리를 어둡게 하고, 의미 없으며 반항적인 삶에 대한 해답을 갖고 있다.

하나님은 천국에서의 삶을 짐작함으로써 그분의 아름다움과 최고의 겸손을 발견하도록 우리와 함께 하셨다. 하나님의 겸손함에 대해 이해하려면 평생이 걸리겠지만 감사하게도 하나님은 우리에게 무엇인가를 제안하는데 그것은 좀 더 친숙한 장소인 바로 이 땅에서 시작해야만 한다는 것이다. 그리고 그것은 우리가 하나님의 완벽한 표현인 예수님을 바라봄으로써 깨닫게 될 것이다.[67]

제자들이 예수님께 아버지를 보여 달라고 요청하였을 때, 그들이 예수님을 보았다면 아버지를 본 것이라고 답했다.[68] 비록 우리의 유한함을 통해 영원을 바라볼 수 없지만, 예수님은 유한함을 통해 우리에게 영원에 대해 계시했고, 그 계시 안에서 우리는 하나님의 겸손함을 보게 된다.

하나님은 치열한 이 세상에서 투쟁으로 얻을 수 있는 것보다 더 많은 것을 우리를 위해 갖고 있다. 그분은 우리를 당신의 형상을 따라 만들었다. 하나님은 우리를 위해 준비한 잔치 자리에서 우리가 오물에 빠져 뒹구는 것을 기뻐하지 않는다. 그분의 대답은 추상적이거나 문제에서 동떨어진 것이 아니라 실질적이며 적절하다. 그분은 우리의 개인적인 고민에도 응답한다. 예수님은 교만함으로 갈등하고 있는 우리를 위한 하나님의 해답이다. 하나님은 예수님을 통해 그분의 겸손함을 우리 모두가 볼 수 있도록 했다. 예수님은 하

---

67) 히브리서 1장
68) 요한복음 14:9

나님이 우리에게 주신 삶을 보여주는 살아있는 모델이다. 예수님은 우리를 향한 하나님의 마음과 우리가 풍성한 삶을 원한다면 반드시 추구해야 하는 것이 그분의 생명임을 보여주기 위해서 우리 가운데 오셨다. 하나님 외에는 생명이 없기 때문이다.

예수와 피조물로서의 겸손

예수님이 인간이 되기로 작정했을 때, 그분은 기꺼이 우리와 같은 연약함과 한계를 받아들였다. 빌립보서에서 예수님은 자신을 비워 종의 모습을 취했다고 말하고 있다. 예수님이 인간으로 이 땅에 온 것은, 하나님이 그분을 돌보지 않는다면 바이러스에 의해 죽을 수 있을 정도로 본질적으로 약해졌다는 의미이다. 그분은 피곤함을 느끼고 쉼이 필요했다. 그분은 영적으로도 한계가 있어서 아버지와 함께하는 시간을 통해 새롭게 채우기 위하여 매일 아침 기도자리로 나가야만 했다. 또 예수님은 통찰력에도 한계가 있어서 실수(죄와는 구별되는)를 범하기도 했다. 그분은 열두 살이었을 때 예루살렘 성전으로 찾아가 하나님의 일을 시작해야 한다고 생각했지만, 사실상 서른 살이 될 때까지 사역을 시작하지 않았다.

이 모든 것들이 분명하기에 성경은 예수님의 성품의 여러 측면에 대해·기록하고 있다. 이제 이 주제에 대해 다른 관점으로 접근해 보도록 하자.

한계가 있는 존재가 된다는 것은 취약함으로부터 오는 고통을 직면할 수 있다는 것을 감수해야 한다.

예수님이 고통을 부정하거나 두려워한다면- 자신의 약함을 받아들이지 않아 겸손함이 부족하다면- 다른 사람들이 안고 있는 고통을 마주할 수 없을 것이다. 우리는 그분이 타인의 고통을 마주할 때 위축되거나 떠나거나 회피하는 모습을 볼 수도 있다. 그러나 그분의 삶을 들여다보면 오히려 타인의 고통에 주목하는 예수님을 보게 된다.

- 예수님은 회당에서 손 마른 사람을 보고 사람들 앞으로 나오도록 했다.
- 간음하다 잡힌 여인이 예수님 앞에 끌려나와 그분의 심판을 기다렸다. 종교지도자들은 그녀를 고발하기 위해 그곳에 서 있었지만, 예수님은 그곳에 머물며 그들 모두를 부끄럽게 했다.
- 예수님은 아들을 잃고 비통해 하는 과부를 보았다. 그분은 그녀의 고통을 함께 느끼고 긍휼한 마음으로 죽은 아들을 살려주었다.
- 예수님의 친구 나사로가 죽자, 그분은 무덤가에서 슬피 울었다.
- 무덤에서 살고 있는 군대 귀신들린 사람이 예수님께 달

려 나왔다. 예수님은 그와 대화하며 귀신을 쫓아주었고, 그 사람에게 베푸신 하나님의 자비에 대해 마을사람들과 나누도록 했다.
- 종교지도자들과 함께 식사를 하고 있을 때, 예수님은 한 부정한 여인이 그분 앞에 나올 수 있도록 허락했다. 그 여인은 눈물로 그분의 발을 씻고, 그녀의 머리로 발을 닦고 나서 값비싼 향유를 그분의 발에 부었다. 예수님은 그녀를 모든 사람들 앞에서 영예롭게 했다.
- 어느 누구도 깨기를 원하지 않았던 문화적 장벽에도 불구하고, 예수님은 의심스러운 과거를 지닌 사마리아 여인과 솔직하고 조심스럽게 대화를 나누었다.
- 폭풍에 휩싸인 바다 한 가운데서 예수님의 제자들은 죽음에 떨고 있었다. 예수님은 폭풍을 잠잠하게 하고 그들에게 믿음을 가질 것을 도전했다.
- 병든 여인이 군중 속에서 그분의 옷을 만지자 예수님은 발길을 멈추고 그녀를 찾았다. 예수님은 그녀의 고통과 믿음을 알았고, 그녀를 위로했다.

참회의 고통을 포함한 그 어떤 아픔과 두려움과 슬픔과 죄까지도 예수님이 놀라거나 부담스러워할 만한 연약한 인간의 조건은 없다. 왜냐하면 그분은 겸손하기 때문이다. 그분은 우리의 모든 것을 알고, 어떤 것에도 놀라지 않는다. 예수님은 당신이 사랑하는 사람들이 안고 있는 어떤 고통이라도 기꺼이 체험하기 원한다. 예수님은 자신의 인간성을 인정하고 받아들이며, 우리가 마주하고 있는 아픔과 갈등마저 직면하여 살아내신다.

예수와 죄인으로서의 겸손

범죄하면 반드시 고통스러운 참회와 교정을 경험해야 하는 우리와 달리 예수님은 우선적으로 아버지께 응답하였고, 죄를 짓지 않았다. 그분은 우리 안에서 찾아볼 수 있는 온갖 죄악된 교만함 – 권력을 향한 탐욕, 경쟁심, 온전하게 보이려는 시도, 사람에 대한 두려움, 의도적인 맹목과 진리의 거부, 권위에 대한 문제, 자기예찬, 존재보다는 외형에 대한 관심 – 과는 정반대되는 삶을 보여준다.

예수는 권력을 향한 탐욕에 눈멀지 않았다. 이것은 우리 갈등의 가장 핵심적인 요인이다. 교만의 모든 측면들이 우리 안에 있는 이것에서 시작된다. 하나님은 권력에 대해 어떻게 보는가? 그분은 모든 것을 가지고 있음에도 불구하고 우리처럼 권력에 집착하지 않는다. 그분은 모든 것을 포기했기 때문이다. 예수님은 자신을 비우고 자신의 힘을 내려놓았다. 우리로서는 상상도 할 수 없는 일이지만 바로 이것이 하나님에 대해 낮아짐을 표현하기 위한 선택이었다.

예수님은 심지어 종의 모습을 취하기도 했다. 종에 대해 정의하자면, 아무런 권력도 없이 다른 사람의 필요를 충족

시키기 위해 대신 일하는 것을 의미한다. 예수님은 권력이 목적이 아니라 겸손함으로 사랑하는 것이 우리의 목적이 되어야 함을 몸소 보여 주었다.

게다가 예수님은 최후의 수단으로 우리를 위해 당신의 생명을 내어주었다. 권력에 빠진 우리를 깨우고, 진정한 겸손함에 대해 보여주는 유일한 방법으로 완전히 무능력한 존재가 되었고, 이를 통해 우리가 그분의 마음을 알 수 있도록 했다. 만약 예수님이 권력에 대해 눈곱만큼이라도 미련을 가지고 있었다면, 우리에게 자신을 계시하기 위해 절대로 이런 방법을 택하지 않았을 것이다. 예수님은 하나님의 낮아짐에 대한 완벽한 표현이었다.

예수는 경쟁하지 않았다. 경쟁은 우리가 무엇을 증명하거나 정당화하려는 것이다. 우리는 우리가 행한 일로 인해 존경받아 마땅하다는 것을 사람들이 알아주기 원한다. 하지만 예수님은 자신이 아니라 아버지를 우리에게 보여주기 위해 왔다. 그분에게는 오직 한 청중만이 있었으며, 아버지의 기쁨이 그분의 우선적인 바램이었다. 명백한 사실은 우리가 아버지께 나갈 수 있도록 예수님이 의도적으로 십자가에서의 '죽음'을 선택했다는 것이다. 그분은 아무것도 입증할 것이 없었지만 원하는 자들에게 모든 것을 드러냈다.

예수는 온전해 보이려 하지 않았다. 예수님은 아담과 이브 이후에 이 땅에서 죄로 인해 무너지지 않은 유일한 인간이었음에도 불구하고 오만의 옷을 덧입지 않았다. 오히려 그분은 우리가 더 이상 무너지지 않도록 우리의 깨어짐을 떠안았다. 이로 인해 피땀을 흘려야했음에도 불구하고 예수님은 이것을 선택했다. 예수님은 십자가에 달려 죽어가면서 우리를 위해 깨어졌다. 그러나 그분은 부끄러워하지도 않았고 숨기려 하지도 않았다. 그분은 모두 앞에서 아버지에게 부르짖었다. 예수님은 자신의 가장 낮아지고 처절하게 무너진 모습을 우리가 볼 수 있도록 드러내었다.

예수는 사람에 대해 두려워하지 않았다. 이사야서 11장 3절에서 그는 여호와를 경외하는 것을 즐거워한다고 했으며, 이사야서 33장 6절에서는 여호와를 경외하는 것이 그의 보배라고 했다. 예수님은 우리의 '마케팅'에 현혹되지 않았으나, 우리와 우리의 능력에 대해 정확히 알고 있었다. 이것은 그분이 우리를 사랑하지 않는다거나 존중하지 않는다는 의미가 아니다. 그저 예수님은 사람들이 그분에 대해 정의할 수 없다는 것을 알고 있다는 뜻이다. 그래서 예수님은 우리와 영합하거나 우리가 그분을 좋아하게 하려고 애쓰지 않았다. 요한복음 2장 24절에서 예수님은 사람 안에 있는 것을 알고 있었기 때문에 우리에게 자신을 맡기지 않았다고 했다. 예수님은 우리에 대한 환상도 없고 낙관적으로 생각하지도 않는다. 그분은 인간의 모든 것에 대해 명백히 알고 있다.

예수는 진리를 선택하고 무지함을 거부했다. 급진적이 된다는 것은 어떤 것의 핵심에 이르거나 근본적 의미를 파악한다는 것이다. 예수님의 삶을 돌아보면, 그것이 예수님의 삶의 방식이었음을 알 수 있다. 그분은 율법의 글자가 아니라 그 의미에 다가갔다. 그분은 언제나 율법 안에 드러난 하나님 뜻 가운데로 나아갔다. 예수님은 각 상황에 대해 마음의 이슈로 받아들였다. 이 때문에 치러야 할 대가가 너무 커서 돌아서야 했던 부자 청년과 같이, 구경꾼들이 그분을 따르지 않을 수도 있었다.[69]

예수님은 그들을 그냥 내버려두었다. 그러나 그분은 악한 의도를 종교 안에 감춘 종교지도자들의 선택을 보고 그들에 대해서는 엄하게 다뤘다. 십자가 위에서 그분의 죽음은 하나님 왕국의 진리를 정의하는 포인트가 되었다. 그것은 우리의 목숨을 걸고서라도 하나님의 진리는 반드시 존중되어야 하며, 따라야 한다는 것을 의미한다.

예수는 항상 하나님의 권위에 순종했다. 예수님은 빌라도 앞에서의 고백이 자신을 죽음에 이르게 했을지라도 그분이 행한 모든 일들을 하나님의 권위 아래 두었다. 가르침에 있어서 그분의 권위가 너무 명확하여 사람들은 의아해 하며 "누가 이런 권위를 당신에게 주었느냐?"고 묻기도 했다. 그 비밀은 하나님의 권위에 대한 예수님의 순종에 있다. 진정한 권

---

[69] 마태복음 19장

위는 오직 하나님으로부터 오기 때문이다. 그분은 하나님의 뜻을 이루기 위해, 심지어 빌라도의 권위에 순종하기도 했다.

예수는 자신을 높이는 것에 관심을 갖지 않았다. 예수님은 자신의 가치와 지위에 대해 알고 있었다. 그분은 자신이 어디로부터 와서 어디로 가고 있는지 알았다. 진실로 그분은 자기 자신을 높일 수 있는 유일한 한 분이시고, 하나님 아버지를 높이는 일 이외에 그분의 가장 큰 기쁨은 우리를 높이는 것이었다.

그분은 우리를 별 볼일 없는 존재로 여기지 않고 오히려 하나님 앞에서 큰 가치가 있는 존재로 대했다. 그분은 우리를 잃었으나 구원받을 하나님의 선택 받은 백성으로 대했다. 우리 자신을 겸손히 낮추어 이 선물을 받아들이거나 거절할 것인지에 대한 선택은 우리에게 달려 있다. 예수님은 우리에 대해 환상을 갖고 있지 않았으며, 우리를 향한 하나님의 은혜 안에서 우리가 어떤 존재가 될 수 있는지 명확히 알고 있다.

예수는 외적인 것에 관심을 두지 않았다. 거듭해서 예수님은 사람들의 마음에 대해 다루었다. 그분은 종교 뒤에 숨어 외적인 것만 바라보는 자들을 향해 크게 분노했다. 그리고 겉모습은 화려하지만 속은 위선과 무법으로 가득한 자들을 '회칠한 무덤'이라고 불렀다.[70] 예수님은 우리의 내면이 하

---

70) 마태복음 23:27

나님의 왕국을 향한 적합한 출발점인 것을 알았다. 때가 되면 안으로부터의 정결이 밖으로의 정결로 이끌어갈 것이다.

예수와 성인(聖人)으로서의 겸손

솔직히 이 주제가 예수님과 관련하여 가장 설명하기 어려운 겸손의 한 측면이다. 그것은 예수님의 한계 때문이 아니라 바로 나의 한계 때문이며, 또한 그분의 존재 때문이다. 그분은 성도가 아니다. 그분은 모든 성도들의 정수(精髓)이며, 인간의 몸을 입은 하나님이다. 이런 점에서 우리와는 비교가 불가능하다. 우리들 각 사람은 그분 자신을 우리에게 아낌없이 내어준 은사 안에서 하나님의 작은 한 조각을 표현할 뿐이다. 그러나 예수님은 여러 표현 가운데 **하나**의 표현이 아니라 가장 완벽하고 심오한 **하나님**의 표현이다. 내가 여기에 무엇을 덧붙일 수 있겠는가? 나는 할 수 없는 일이지만, 그래도 한번 시도해 보려고 한다. 이것을 염두에 두고 이 주제가 우리에게 무엇을 의미하는지 살펴보자.

성인이 된다는 것의 본질은 행동에 대한 것이 아니라 존재에 대한 것이다. 우리는 보통 성자에 대해 매우 종교적인 사람일 것이라고 생각한다(거의 예외없이 우리는 성자가 긴 두루마기 같은 옷을 입고 있는 모습을 상상한다!). 어쩌면 그들은 이 세상의 물질에 관심 없는 수도사나 수녀일 수 있다. 많은 사람들이 예수님을 이렇게 피상적으로 본다. 그러나 이렇게 하는 것은 우리를 제한하는 것이며 근시안적인 것이다. 그분은 사제가 아니라 실제로 목수라는 직업이 있었다. 그러므로 '성인'에 대한 우리의 문화적 추정을 잠시 내려놓고 예수님의 삶을 되돌아본다면, 그분에 대해 더 많은 것을 보게 될 것이다.

 예수님은 12명의 제자들을 불러서 같이 살면서 그분과 함께 있도록 했다. 그들 외에도 그분에게는 셀 수 없을 만큼 많은 제자들이 있었다. 그분은 사람들과 소통하며 파티에 참석하기도 하고, 포도주를 제공하기도 했다. 그분은 장례식에 참석해 슬픔을 나누고, 중요한 지도자들과 함께 식사를 했다. 그분은 개인적으로 만나는 모든 사람들에게 관심을 가졌으며 그들이 처한 곳에서 교류했다. 그분은 율법 뒤에 숨어서 자신들이 가장 순수하게 하나님을 나타내는 존재라고 주장하는 종교 지도자들에게 분노했으며, 그들을 공개적으로 질책함으로써 분노를 드러냈다. 그분은 자신에게 아이들이 나오지 못하도록 막은 제자들을 꾸짖고 그 아이들을 품에 안아 주었다.

 그분은 믿을 수 없는 기적들을 행했지만 떠벌이지 않았다. 예수님의 기적을 알리는 것이 그분에게 줄 수 있는 것은 아무것도 없다는 것을 알기 때문이었다. 이를테면 예수님은 홀로 물 위를 걸으시다가 제자들이 탄 배를 보고도 그냥 지나치려고 했다. 배에 있던 제자들이 그분을 알아보고 예수님을 향해 소리쳤고, 그제야 그분은 제자들과 함께 배에 탔다. 이처럼 예수님은 사람들에게 깊은 인상을 남기는 것을 조금도 개의치 않았다. 그분에게는 어떤 것을 증명하기 위한 비준이나 마케팅이 필요 없었다(내가 살고 있는 이 세상의 매우 제한적인 관점으로는 그 자체만으로도 예수님은 성인으로서의 자격이 충분하다!). 그분은 완전히 즐겁고도 고통스러운 인간이며, 동시에 여전히 하나님의 본질이다.

그럼에도 우리는 언제든지 그분에게서 배울 수 있다. 무엇보다 우리는 어떻게 예수님이 모든 순간에 하나님 외에는 만족하지 않을 수 있었는지 배우게 된다. 그분은 매일 모든 순간 온전히 하나님과 함께 했다. 그것은 예수님의 기쁨이었고 삶이었다. 한번은 제자들과 함께 물러가 쉬려고 했으나 무리들이 예수님이 있는 것을 발견했다.[71] 사람들을 되돌려 보내는 대신에 그분은 무리들을 가르치고 먹였다. 예수님은 그들이 영적, 육체적으로 모두 굶주려 있는 것을 보고 그분의 계획을 바꾼 것 같다.

나의 낡은 사고방식으로부터 한 걸음 물러서면(예를 들어, 종교적인 일을 하는 사람들은 정말 영적이라고 생각하는), 삶의 각 영역에서 성도로서의 겸손함을 가지고 살아가

---

71) 마태복음 23:27

는 것이 가능한 것으로 보이기 시작한다. 사업, 교육, 예술, 정부, 통신, 가정, 과학 등 그것이 무엇이든지 더 많은 사람들이 자신의 은사와 함께 행할 것이며, 그들은 더욱 독특하게 될 것이다. 하나님의 표현으로서, 그들을 하나되게 하는 것은 그들이 따라 살아가는 가치에 있다.

필연적 결과인 성인으로서 예수님의 삶에서, 우리는 여러 공통의 가치들을 볼 수 있다.

인간의 삶은 신성하다. 하나님의 형상으로 지음 받은 각 사람은 그들의 선택과 상관없이 가치를 지니고 있다. 비록 타락하고 오만할지라도 그들은 명예와 존엄, 존중을 받아야 한다. 예수님은 절대 어느 누구도 틀 안에 가두거나 문화적 편견을 가지고 대하지 않았다. 오히려 그분은 하나님께 의미 있는 존재로서 사람들을 대했다.

물질적인 세상은 실제이며 삶을 위해 필요하다. 하나님은 물질세계를 창조하고, 그것이 좋았더라고 말씀했다. 우리가 살고, 이동하고, 소유하도록 허락된 하나님이 창조한 물질세계 안에서 우리는 그분의 선하심을 볼 수 있다. 세상을 세속적인 것과 신성한 것으로 구분할 수 없다. 모든 것이 하나님께 신성하다.

말에는 힘이 있고 우리는 그에 대해 책임이 있다. 하나님은 우리에게 그분의 미완(未完)의 호흡을 남겨두었고, 아담이 동물들에게 했던 것처럼 이름을 지으며 창조를 완성하도록 창의적인 능력을 주었다. 우리가 선택한 단어들은 우리 마음의 표현이며 타인과의 관계를 정의한다. 예수님은 살아있는 생생한 표현으로 드러난 하나님의 말씀이다.

하나님의 생각으로부터 멀어지게 하는 것은 우리를 파괴한다(우상숭배). 우리가 선택한 단어들은 생각을 형성하고, 생각은 신념으로 성장한다. 그리고 신념은 우리의 정신 모형 또는 우리가 규정한 삶에 대해 말해준다. 예수님은 우리에게 계시된 하나님의 완벽한 표현으로 살았다. 그러므로 우리도 성장하면서 예수님이 계시한 그리스도의 마음이 개발되도록 추구해야 한다.

모든 것은 구속(救贖)될 수 있다. 모든 삶이 신성하고, 하나님이 만든 모든 것이 선하다면 우리 주변의 세상을 구속할 수 있다. 그런데 우리가 타락의 열매를 완벽하게 모두 제거할 수 있을까? 아니다. 하지만 우리가 저지른 일이고, 그것을 치우는 것도 우리 책임의 일부분이다.

어두움이 있는 곳에 더 많은 빛이 비추듯이 빛 가운데 거하는 자들은 더욱 특별하게 된다. 사람들이 하나님의 독특한 표현을 잃게 되는 것은 그들이 겸손하지 않기 때문이다. 그들의 은사를 더 온전히 개발하고 표현한다면, 그들은 더 특별하게 될 것이다.

모든 선한 것은 하나님에게서 온다. 따라서 가정과 공동체와 국가 안에서 가치와 생명을 세우는 데 즐겁고 기쁘게 표현된 모든 은사는 하나님의 표현이다. 이것이 바로 성도가 되고, 자라가는 것이다.

...

만약 하나님에게 오만함이 있거나 권력, 불안, 무지, 교만을 고수하려고 했다면, 예수님이 우리 가운데 내려와 함께 거하고, 우리가 용서받을 수 있도록 십자가에서 끔찍한 죽음을 맞이하지 않았을 것이라는 사실을 우리는 분명히 알 수 있다. 그것은 예수님 혼자만의 계획이 아니었음을 기억하라. 그것은 하나님 자신에 대한 가장 순수한 표현으로서 그분을 대변하기 위한 하나님 아버지의 뜻이었다. 인류의 삶을 오염시킨 것은 바로 우리다. 이 세상과 서로를 파괴한 것도 우리들이다. 우리의 오만함으로 우리 자신을 죽이고 있는 것도 바로 우리다.

오래전 아들 조슈아와 함께 스키를 타러간 적이 있다. 우리가 로프토(rope tow)[72]에 이르러 보니 많은 부모들이 어린 자녀들에게 스키를 가르치고 있었다. 어떤 아이들은 엄

---

72) 스키어들이 잡고 슬로프 위로 오르는 회전 로프(역자 주)

마나 아빠의 다리 사이에서 스키를 타고 내려왔다.

　조슈아와 함께 서서 차례를 기다리는 동안 주위를 둘러보고 있는데 네 살쯤 된 작은 아이가 스키를 제어하려고 애쓰는 모습이 보였다. 그 아이는 사람들이 줄을 서서 기다리고 있는 곳으로 달려 내려오기 시작했고, 곧이어 아이가 제어할 수 있는 것보다 더 빠르게 움직였다. 그에게 스키를 가르치던 경험 많은 엄마가 소리쳤다.
　"빨리 앉아!"

　소년은 즉시 주저앉았고, 성능이 우수한 브레이크처럼 잘 작동했다. 아이는 어떤 피해도 일으키지 않고 사람들 근처에 멈췄다. 아이 엄마의 도움으로 위기를 모면했고, 모든 것이 괜찮았다.

　우리가 연약해지거나 우리 인생에서 죄를 발견하게 될 때, 또는 하나님의 영이 우리가 행동하도록 마음을 감동시킬때, "겸손해야 해!"라고 우리에게 외치는 아버지에게 귀기울여야 한다. 우리가 겸손해지기를 요청하는 그분의 음성이 들리는 순간, 즉시 무릎을 꿇어야 한다. 그것만이 우리의 유일한 희망이기 때문이다. 그때 하나님의 영광이 우리 가운데 나타날 것이며 하나님의 은혜가 우리 사이로 흐르게 될 것이다.

에필로그
나는 낮아짐을 선택한다

에필로그
나는 낮아짐을 선택한다

당신과 내가 선택해야 할 순간이 왔다. 무대는 준비되었고 우리보다 앞서간 사람들이 길을 준비해 놓았다. 감독은 우리를 향해 손짓한다. 이제 우리가 무대 위로 올라가 맡은 역할을 연기해야 할 차례가 되었다. 당신은 어떻게 하겠는가?

나의 한계에 대해

내가 모든 것에 대해 알게 되기를 기대하거나 아무 것도 모르는 순간….

다른 사람들이 나에게 신적인 지위를 부여하거나 내가 존재하지 않는 것처럼 나를 무시하는 순간….

내가 아무 실수도 하지 않는 완벽한 존재로 벽에 걸리거나 아무것도 제대로 하지 못하는 무능한 존재로 쓰레기통에 처박히는 순간….

나의 한계를 대면하고 나의 부족함을 직면하는 순간….

나는 나의 연약함을 인정할 것이다.
나는 낮아짐을 선택한다.
I choose humility.

나의 죄에 대해

나 자신을 보호하기 위해 마음을 완고히 하거나 누군가 나의 마음에 상처를 줄 때 증오에 사로잡혀 용서를 거부하는 순간….

내가 나쁜 일보다 좋은 일을 더 많이 했다고 주장하거나, 나의 잘못을 인정하지 않는 순간….

내가 주도권을 잡기 위해 타인에게 상처를 주고 권력을 추구하거나, 다른 사람들이 나를 지배하고 나의 질투가 자라는 순간….

내가 기필코 승리를 쟁취하기 위해 경쟁하거나 다른 사람들보다 못났다고 절망하는 순간….

내가 하나님의 말씀보다 사람들이 하는 말에 더 신경을 쓰는 순간….

> 나는 회개할 것이다.
> **나는 낮아짐을 선택한다.**
> *I choose humility.*

나의 은사에 대해

나 자신을 다른 사람과 비교하거나 불안함을 느끼는 순간….
나에게는 은사가 없다고 생각하거나 내 은사가 가장 중요한 것이라고 여기는 순간….

내가 사람들의 칭찬을 받기 위해 은사를 사용하거나 내 은사는 볼품없이 작아서 다른 사람들의 주목을 받지 못한다는 생각에 위축되는 순간….

내 은사가 드러나거나 보이지 않더라도, 크거나 작다고 생각하는 순간….

> 나는 나의 유일한 청중이 되시는 분께
> 목소리 높여 찬양할 것이다.
> **나는 낮아짐을 선택한다.**
> *I choose humility.*

보잘 것 없는 선택은 없으며, 인정할만한 가치가 있는 교만은 없다. 단순한 나의 의지적 행동으로 전능하신 분을 기쁘게 할 수 있다는 사실을 알게 된 것은 내게 얼마나 큰 축복인가! 하나님이 기쁨으로 나와 춤을 출 때 그분의 입가에 번지는 미소를 확인하듯 그분의 즐거움에 대해 아는 것만으로도 충분하다.

매 순간 나는 그분을 높이며, 오만한 세상에서 그분의 뜻을 따르는 단순하고 검손한 선택을 한다.

그럼 우리는 어떻게 할 수 있을까? 먼저 그분이 우리 안에 오시도록 시작하면 된다.

그러나 그것을 시작하는 것이 가장 어려운 부분이다. '천리 길도 한 걸음부터'라는 속담이 있듯이 겸손의 여정도 첫 걸음으로 시작된다. 다시 한 번 C. S. 루이스는 우리 앞에 놓인 이 과업을 위해 조언한다.

 기독교인의 삶에 문제가 일어나는 것은 사람들이 갈망하지 않기 때문이다. 그것은 매일 아침 당신이 일어나는 순간부터 시작된다. 그날을 향한 모든 바람과 소망이 야수처럼 당신에게 달려든다. 아침마다 첫 번째로 해야 할 일은 다른 음성에 귀 기울이며 다른 관점을 취하고 더 크고, 강하고, 안정된 삶이 흘러들어오도록 함으로써 그것들을 떨쳐내 버리는 것이다. 당신의 자연스러운 불평과 조바심으로부터 뒤로 물러서서 몰아치는 바람을 피해 나아오라.[73]

하와이에 사는 동안, 나는 자전거 타는 것을 즐겼다. 어느 날 자전거를 꺼내어 헬멧을 눌러쓰고는 페달을 밟기 시작했다. 날씨는 화창했고 나는 16km 정도의 거리를 달리기로 했다. 마치 날아가는 듯 평상시보다 훨씬 빠른 속도로 도로를 따라 달려갔다. 나는 뒤에서 바람이 불어오는 것을 느끼지 못했고, 스쳐지나가는 나무와 풀들에서도 바람을 느끼지 못했다. **오늘 정말 컨디션 좋은데.** 나는 정말 기분이 좋았다. **내가 생각했던 것보다 몸 상태가 더 좋아진 것 같아.**

---

73) C. S. Lewis, 순전한 기독교.

공항을 지나서 다시 돌아오기 위해 방향을 틀었을 때 공항까지 오는 내내 강한 바람이 나를 밀어주고 있었다는 사실을 알고는 충격을 받았다. 이제 아주 강렬한 바람이 나를 흔들며 뒤로 밀어내기 시작했고, 나는 불어오는 바람을 뚫고 앞으로 나가야만 했다. 갑자기 즐거웠던 자전거 타기가 전혀 다른 느낌으로 다가왔다. 이제는 내리막길에서도 힘겹게 페달을 밟아야 할 것 같았다. 그 순간 나는 내 앞에 놓인 '경주'를 마치고 과제를 완수하기 위해서는 앞으로 밀고 나가는 분명한 선택을 해야 한다는 것을 깨달았다. 바람이 나를 떠밀어 줄 때는 즐거웠지만 이제부터는 진짜 해야 할 일이 시작되었다.

내 삶의 갈등을 마주하고 방향을 '전환'해야 하는 상황이 되면 나는 가끔 그날을 회상한다. 모든 것이 잘 굴러가고, 삶이 나를 앞으로 밀어주는 것 같은 순간을 즐겨왔지만 방향을 바꾸거나 다르게 접근해야 하는 상황이 되면 나를 위해 준비된 진짜 할 일이 있다는 것을 깨닫게 된다. 바로 '성장'할 때가 된 것이다. 나는 선택해야 하고 진지하게 임해야 한다. 이러한 순간에 인생의 진짜 할 일이 시작된다. 내 자신을 겸손히 낮추어 삶이 나를 드러내도록 하여, 그것을 인정하고 하나님이 내 삶에 오셔서 계속 밀고 나가도록 해야 한다.

당신이 인생의 바람을 마주하고 도전을 향해 방향을 전

환해야 하는 순간이 – 마치 '세상'이 당신을 등진 것 같이 보일지라도 – 바로 삶의 진정한 훈련을 시작해야 할 때이다. 우리 자신을 낮추고 그리스도를 닮아가야 하는 우리의 목표를 기억하면서 삶이 우리 안에서 드러낸 것을 받아들여야 한다. 당신이 나이가 들수록 더욱 쉬워질 것이라고 말하고 싶지만, 현실은 그렇지 않다. 우리는 여전히 날마다 선택을 해야만 한다. 나는 더 많은 갈등을 인식하고 지금까지 나를 격려하는 승리들을 목격해왔지만, 그럼에도 아침마다 새로운 그 자비함 가운데 걷기로 선택해야만 한다.

나와 함께 기도하자 : 예수님, 나는 당신이 필요합니다. 저 혼자 이것을 감당할 수 없습니다. 사실 어디에서부터 시작해야 할지도 모르겠습니다. 하지만 당신은 먼지로부터 새 생명을 가져올 수 있는 새로운 시작의 하나님입니다. 당신은 죽음을 이기셨고, 나의 큰 두려움을 극복하셨습니다. 나의 상하고 깨진 마음을 당신 손에 맡깁니다. 당신의 은혜가 내 삶에서 풍성해지도록 내가 어떻게 해야 하는지 가르쳐주실 것을 믿습니다. 당신의 영광을 위하여 당신의 은혜를 깨닫고 풍성한 삶을 누릴 있도록 저를 겸손하게 하소서.

아멘.

낮아지지 못하는 당신을위하여 **겸손** 매트 롤린스

작가에 대하여

매트 롤린스는 아내 Celia와 함께 싱가폴에 거주하고 있다.

매트는 Wales 대학에서 Leadership development 박사 학위를 취득했으며 현재는 Green Bench Consulting의 CEO를 맡고 있다. 25년간 하나님을 위한 일에 열심을 다하는 한편 홍콩, 싱가폴, 사이판에서 여러 가지 일을 하기도 했다. 매트는 스피치와 글쓰기에 있어서 열정적인 교육자이며, 현명한 커뮤니케이터다. 그는 25개국 이상에서 강사로 초청받아 강의를 해왔고 15권의 책을 저술했다.

매트는 기업가와 각 영역의 리더들을 위해 최근에 BTLI(Broken Top Leadership Institute)를 설립하여 하나님의 나라가 기업과 사회 각 영역에 임하도록 그의 시간을 사용하고 있다. 페이스북 Broken Top Leadership Institute에 묵상 글을 수시로 올려놓고 있으므로 이를 통해 매트와 교제를 나눌 수 있다.

매트 롤린스의 다른 책

기독교 관련 서적

- The Guardian ('가디언' 2015. 출판사 옛길)
- The Question ('의심의 질문' 2015. 출판사 옛길)
- Rediscovering Reverence :
  the path to Intimacy
- Walking Naked into the Land of Uncertainty
- The Namer
  ('스스로 이름짓는자' 2011, 도서출판 예수전도단)
- The Container :
  What holds the presence of God?
- Mysteries Beyond the Gate &
  other peculiar short stories

* 이 책들은 출판사 옛길에서
  순차적으로 번역, 출판할 예정입니다

매트 롤린스의 다른 책

경제의 리더십 관련 서적

- The Green Bench :
  A dialogue about Leadership and Change
- The Green Bench 2 :
  Ongoing dialogue about Leadership and Communication
- Emails from Hell :
  Evil schemes to undermine a leader
- The Lottery :
  A question can change a life
- There's an Elephant in the Room :
  Discover the single most power tool for growth
- Finding the Pain in your @ss-umption :
  A Leadership Tale
- Courageous Relationships in Uncertain Times
- Effective Leadership in Uncertain Times

옮긴이 **피터 백**

세상의 모든 아이들이 행복하기를 바라는 다섯 아이의 아빠이자, 목사, 선교사.

총회신학교를 졸업하고 YWAM 열방대학과 호주에 있는 Southern Cross College에서 훈련받은 후 인도 선교사로 나갔다가 예수전도단 열방대학에서 세계관학교와 International DTS를 섬겼다.

현재 한국분권아카데미의 사무처장으로 일하면서 기독교세계관을 적용한 더 나은 한국사회를 만들기 위해 노력하고 있다.

다섯 아이 모두 홈 스쿨링을 통해 학습시키고 세상에 대한 공부를 하도록 하고 있다. 직장에서 일하는 것이 즐거우며 가족들과 함께 하는 것은 더 즐겁다는 그다.

편집자의 글 / "겸손"을 내면서

매트 롤린스의 세 번째 책 "겸손"이 드디어 국내의 독자들을 만나게 되었다.

같은 주제를 다룬 책들이 많이 있지만 매트의 "겸손"은 아마도 독자들을 새롭고 자유롭게 인도할 것이다. 그리고 책을 덮을 때쯤이면 고개를 끄덕이며 '겸손하기로' 선택하게 될 것이다. 이것은 하나님과의 친밀한 관계를 세워가는 삶의 진실한 기록이기 때문이다.

나 역시 이 책 덕분에 마침 내게 닥친 상황 가운데 직면하고 담대히 선택할 수 있었다. 나의 연약함을 드러내고 나발 부는 것 같은 '선택'이었지만, 잃은 것 못지않게 내게 큰 자유를 주었다. 아주 정확한 시간에 나를 찾아온 매트의 "겸손"이 내게 한 것처럼 누군가를 위로하고 세워주기를 간절히 소망한다.

"겸손"을 찾아가는 매트의 여정에 함께 하다보면, 이제 우리도 세상에서 말하는 겸손이 아니라 진정한 겸손의 그림을 그려갈 수 있을 거라는 소망이 아주 자연스럽게 찾아올 것이다.

작업 내내 함께 하신 주님께 감사드린다.

출판사 옛길 대표 **박정애**

겸손 - 낮아지지 못하는 당신을 위하여

지은이　매트 롤린스
옮긴이　피터 백
펴낸이　박정애
펴낸 곳　출판사 옛길
등록　제 399-2014-000033호
주소　경기도 남양주시 두물로 39번길 38, 401호(별내동)
E - mail　violetbleu@hanmail.net
Blog　Http://blog.naver.com/paths2014
전화　031-571-0563
팩스　031-572-0563
표지 디자인　육지은
본문 편집 및 인쇄　상신기획
제 1판 제 1쇄 2016년 6월 16일
값 10,000원
ISBN　979-11-86856-01-7 (03230)

"너희는 길에 서서 보며 옛적 길
곧 선한 길이 어디인지 알아보고
그리로 가라 너희 심령이 평강을 얻으리라"
(예레미야 6장16절)

※ 이 도서의 국립중앙도서관 출판예정도서목록(CIP)은 서지정보유통지원시스템 홈페이지(http://seoji.nl.go.kr)와 국가자료공동목록시스템 (http://www.nl.go.kr/kolisnet)에서 이용하실 수 있습니다.
(CIP제어번호 : CIP2016014058)

※ 잘못 만들어진 책은 구입하신 곳에서 바꿔드립니다.
※ 본 저작물의 한국어판 저작권은 출판사 옛길에 있습니다.
이 출판물은 저작권법에 의해 한국내에서 보호를 받는 저작물이므로 무단전재와 복제를 할 수 없습니다.